KÖNIGS ERLÄUTERUNGEN

Band 405

Textanalyse und Interpretation zu

Peter Stamm

AGNES

Magret Möckel

Alle erforderlichen Infos für Abitur, Matura, Klausur und Referat
plus Musteraufgaben mit Lösungsansätzen

Bange Verlag

Zitierte Ausgaben:
Stamm, Peter: *Agnes*. Frankfurt am Main: Fischer Taschenbuch Verlag, [4]2011

Über die Autorin dieser Erläuterung:
Magret Möckel, geboren 1952 in Lindau an der Schlei (Schleswig-Holstein), Studium der Germanistik und Anglistik an der Universität in Hamburg. Erstes und Zweites Staatsexamen in Hamburg. Seit 1979 Lehrerin für Deutsch und Englisch, erst an einem Gymnasium in Vechta, dann in Friesoythe, seit 2003 in Oldenburg an der Graf-Anton-Günther-Schule. Dort leitet sie als Oberstudienrätin die Fachgruppe Deutsch. Außerdem arbeitet sie für das Fach Deutsch in Kommissionen der Landesschulbehörde mit. Die Aufbereitung von Gegenwartsliteratur ist ihr stets ein wichtiges Anliegen.
Frau Möckel ist verheiratet und hat zwei erwachsene Söhne.

5. Auflage 2015
ISBN 978-3-8044-1952-0
PDF: 978-3-8044-5952-6, EPUB: 978-3-8044-6952-5

Druck und Weiterverarbeitung: Tiskárna Akcent, Vimperk

1. DAS WICHTIGSTE AUF EINEN BLICK – SCHNELLÜBERSICHT

Zu Beginn der Erläuterungen soll kurz dargestellt werden, was in diesem Bändchen behandelt wird.

⇨ S. 10 ff.

Das zweite Kapitel ist der **Biografie Peter Stamms** gewidmet. Er wurde **1963 in der Schweiz geboren** und begann nach vielfältigen Tätigkeiten in der ganzen Welt im Alter von 27 Jahren mit dem Schreiben. Nach der Produktion von nicht-fiktionalen Texten und Hörspielen war ***Agnes* sein erster Roman**. Er erhielt für dieses literarische Debüt den wichtigsten österreichischen Literaturpreis. Es folgte eine Vielzahl von Erzählungen, Romanen, Hörspielen und weiteren Produktionen.

⇨ S. 13 ff.

Mit *Agnes* liegt ein für die Neunziger Jahre **typischer Text junger deutschsprachiger Autoren** vor. Diese sind durch die Schlichtheit ihres Stils, die Einbeziehung des Lesers zum Füllen der Leerstellen und ihre Beziehung zur Wirklichkeit geprägt.

Das dritte Kapitel ist dem Text selbst gewidmet.

Agnes – Entstehung und Quellen:

⇨ S. 25

Peter Stamm hat vielfältige Reisen, Lebenserfahrung und literarisches Wissen in seinen Roman eingebracht. Es gibt neben der Prosaform auch eine **Hörspielfassung** und ein **Drehbuch**. Alle Varianten des Themas haben eigenständigen Charakter.

Inhalt:

⇨ S. 26 ff.

In dem Roman schreibt der männliche Partner, der Ich-Erzähler, anfangs auf die Bitte Agnes' hin **die Geschichte ihrer Beziehung** auf. Zu dem Zeitpunkt, als die Geschichte die Gegenwart erreicht und überholt hat, verkehrt sich das Verhältnis: die Fiktion bestimmt die Wirklichkeit. Es kommt zu Problemen, wenn der **Lebensalltag nicht literaturfähig** ist oder den Vorstellungen des Ich-Erzählers nicht entspricht. Der Roman endet mit der Fiktion von Agnes' Tod im Schnee und ihrem tatsächlichen Verschwinden. Eine Übersicht gibt Anhaltspunkte zur Chronologie der Ereignisse.

Aufbau:

Der Roman ist so angelegt, dass er eine **Zirkelstruktur** hat; das erste Kapitel schließt nahtlos an das letzte an, von Kapitel 2 an wird im Rückblick chronologisch weitererzählt. Es gibt viele eingeschobene Episoden und Geschichten. ⇨ S. 43 ff.

Personen:

Die beiden Figuren des Romans werden dem Leser durch die subjektive Sicht des Erzählers nahe gebracht.

Agnes: ⇨ S. 48 ff.

→ jung, Physikstudentin,
→ ordentlich, unsicher,
→ nicht sehr gesellig,
→ belesen.

Ich-Erzähler: ⇨ S. 53 ff.

→ erheblich älter als Agnes,
→ Schriftsteller von Sachliteratur und Belletristik (u. a. die Geschichte „Agnes"),
→ will den Stoff und die Wirklichkeit beherrschen,
→ rechthaberisch, verschlossen, gibt Unsicherheiten nicht zu.

Sachliche und sprachliche Erläuterungen:

⇨ S. 59 ff.

Der Roman enthält zahlreiche intertextuelle Referenzen. Damit diese aufgegriffen und in das Verständnis des Romans einbezogen werden können, werden Hinweise zu den entsprechenden Künstlern, Autoren und Texten gegeben.

Stil und Sprache Stamms:

⇨ S. 76 ff.

Stilistisch ist der Roman durch seine schmucklose Sprache, die Reduktion der Dialoge und des Erzählten auf das Notwendigste geprägt. Es entstehen Leerstellen für den Leser, die dieser mit eigenen Vorstellungen füllen kann.

Eine Fülle von Leitmotiven, die eng miteinander verknüpft sind, vernetzen das Textganze und liefern eine weitere Bedeutungsebene.

Interpretationsansätze:

⇨ S. 89 ff.

Zur Erschließung des Romans spielt der Erzähler eine entscheidende Rolle. Er ist ein Ich-Erzähler, der aus der Erinnerung und in Verwicklung in die Ereignisse erzählt. Seine Motivation und sein Erinnerungsvermögen bestimmen, was erzählt wird, was verschwiegen, abgeändert wird oder sogar gelogen ist. Der Leser muss sich emanzipieren, darf dem Erzähler nicht alles glauben, sondern muss ihm kritisch gegenüberstehen.

Die knappe und bis auf das Notwendigste reduzierte Erzählweise erfordert außerdem das Füllen von Leerstellen. Der Leser selbst muss Zusammenhänge herstellen, Ergänzungen vornehmen, interaktiv auf den Text reagieren. Auf diese Weise komplettiert er den Text mit eigenen Vorstellungen, bringt neu entdecktes Wissen durch die Erschließung intertextueller Bezüge hinein, wird zum Co-Autor. Diese wichtige Rolle, die der Leser bekommt, macht auch das mehrfache Lesen des auf den ersten Blick einfach erscheinenden Textes besonders spannend. Auch das Gespräch über den Roman wird besonders ergiebig, da jeder Leser eine eigene Lesart einbringt.

Auf der inhaltlichen Ebene liest sich der Roman auch als Liebes- und Beziehungsgeschichte, in einer Welt, in der Distanz und Fremdheit bestimmend sind. Die Subjektivität der Sicht, der sich der Leser im Prozess der Wahrnehmung seiner Lektüre bewusst wird, wird durch die Figuren veranschaulicht. Jeder lebt in seiner eigenen Welt, ein Verstehen und eine Annäherung wird in Frage gestellt, als geradezu utopisch herausgestellt. Lediglich in der Fiktion scheinen glückliche Momente, Liebe und Sinngebung vorübergehend möglich.

Der Umgang mit und das Verwischen der Grenzen zwischen Fiktion und Wirklichkeit werden auf verschiedenen Ebenen aufgegriffen. Das literarische Porträt von Agnes verselbstständigt sich und bestimmt die Wirklichkeit, literarische und künstlerische Vorlagen fließen ein, Medien tauchen in verschiedensten Zusammenhängen auf.

Der Erzähler ist gleichzeitig Autor und gibt Einblick in Konstruktionsmechanismen von Literatur. Das Erzählte wird erkennbar als Konstrukt, alle Bestandteile des literarischen Kommunikationsprozesses (Leser, Text, Schreibprozess, impliziter Leser, Stil, Erzähler, Autor, erzählte Handlung und Lebenswirklichkeit) werden vorgeführt, verdoppelt, gespiegelt, in ihrer Funktion gezeigt. Eine wichtige Rolle spielt auch die Sprache, die als Codierungs- und Kommunikationssystem vorgeführt wird.

So bietet sich der Roman als ein Beispiel postmodernen Erzählens auf vielfältige Weise an.

Peter Stamm
* 1963
© Cinetext/
Bruder

2. PETER STAMM: LEBEN UND WERK

2.1 Biografie

JAHR	ORT	EREIGNIS	ALTER
1963	Weinfelden (Schweiz) längere Aufenthalte in Paris, New York, Skandinavien u. a.	Geburt kaufmännische Lehre Studium der Fächer Anglistik, Psychologie, Psychopathologie, Wirtschaftsinformatik Praktika und Aushilfs- sowie Teilzeitbeschäftigungen in Psychiatrischen Kliniken, Swissair u. a.	
1990	Zürich	Beginn der Tätigkeit als freier Schriftsteller Arbeit für: Neue Zürcher Zeitung, Tages-Anzeigen-Magazin, Weltwoche u. a.	27
1991		Sendung des Hörspiels *Ich und die anderen* (DRS 1)	28
1993		Sendung des Hörspiels *Die Nacht der Gewohnheiten* (DRS 1)	30
1994		Sendung des Hörspiels *In Vitro* (DRS 1)	31
1995		Sendung des Hörspiels *Der letzte Autofahrer* (DRS/RB), Herausgabe von *Alles über die Männer* (Satire)	32
1996		Sendung des Hörspiels *Bildnis eines Knaben mit Peitsche* (DRS 2)	33
1997		Sendung des Hörspiels *Ableben* (WDR), Erscheinen des Textes *Gotthard – Die Steinerne Seele der Schweiz.* Aufnahme der Tätigkeit als Redakteur der Literaturzeitschrift *Entwürfe für Literatur*	34

JAHR	ORT	EREIGNIS	ALTER
1998		**Erscheinen von *Agnes*** (Roman), *Agnes* als Hörspiel, als Spielfilm in Vorbereitung. Auszeichnungen des Kantons und der Stadt Zürich	35
1999	Schweiz, Berlin	Sendung der Hörspiele *Nachtkampf oder die Kunst des Teewegs* (DRS 1 Basel), *Warum wir in der Stadt wohnen* (DRS 1). Verleihung des Rauriser Literaturpreises (wichtigster österreichischer Debütantenpreis) für *Agnes*. Erscheinen von *Blitzei*s (Erzählungen). Dreimonatiges Berlin-Stipendium des Kanton Zürich	36
2000	Schweiz	Sendung der Hörspiele *Passion* (SWR), *Was wir können* (WDR), *Blitzeis* (WDR). Hörspielpreise der Stiftung Radio Basel für *Der letzte Autofahrer* und *Warum wir in der Stadt wohnen*	37
2001		Erscheinen der Kurzgeschichte *Die ganze Nacht* und der Erzählung *Grace* sowie des Romans *Ungefähre Landschaft* Ehrengabe der Stadt Zürich	38
2002		Erscheinen des Theaterstückes *Après Soleil* oder *Wen der Wind zur Insel trägt* Preis der Schweizerischen Schillerstiftung und des Carl-Heinrich-Ernst-Kunstpreises	39
2003		Erscheinen von *In fremden Gärten* (Erzählungen) und *Dienstage. Schweizer Schriften.* Peter Stamm (Hrsg.)	40
2004	Wiesbaden	Erscheinen der Theaterstücke *Der Kuss des Kohaku* und *Die Töchter von Taubenhain* Poetikdozentur: junge Autoren der Fachhochschule Wiesbaden	41

2.1 Biografie

JAHR	ORT	EREIGNIS	ALTER
2005		Herausgabe von *Warum wir in der Stadt wohnen* mit Illustrationen von Jutta Bauer	42
2006		Erscheinen des Romans *An einem Tag wie diesem*	43
2008		Erscheinen von *Wir fliegen* (Erzählungen) und der illustrierten Ausgabe von *Heidi* (nach Johanna Spyri)	45
2009	Winterthur	Erscheinen des Romans *Sieben Jahre*	46
2011		Erscheinen von *Seerücken* (10 Erzählungen); nominiert für den Preis der Leipziger Buchmesse	48
2013		Erscheinen des Romans *Nacht ist der Tag*	50

2.2 Zeitgeschichtlicher Hintergrund

ZUSAMMEN-FASSUNG

Agnes als exemplarisches Werk des ausgehenden 20. Jahrhunderts:

1. Schlichtheit und Schmucklosigkeit des Stils, Reduktion auf das Notwendigste
2. Umgang mit Fiktion und Wahrheit, Konstruktionsprinzip der Wirklichkeitsüberblendung, Aufhebung der verlässlichen Erzählerinstanz
3. Postmoderne Elemente:
   → Einbeziehung des Lesers
   → Aufhebung der Unterscheidung zwischen „ernster" und unterhaltender Literatur
   → Intertextuelle Referenzen
   → Durchschaubarkeit der Konstruktionsmechanismen
4. Amerika als Schauplatz der Handlung
5. Themen: Beziehungslosigkeit, Paarbeziehungen, Suche, Erzählen und Erzähltes

Bei dem Roman *Agnes* (1998) handelt es sich um ein in verschiedener Hinsicht interessantes und typisches Werk der Literatur des ausgehenden 20. Jahrhunderts. Einige Aspekte sollen im Folgenden angedeutet werden:

Stil

Knappe, schmucklose Sprache

Viele Werke junger deutschsprachiger Autoren sind stilistisch geprägt durch eine Sprache, die auf Schnörkel und rhetorischen Schmuck verzichtet. Die konsequente Reduktion in der Sprache lässt sich als Merkmal Schweizerischer Literatur schon in den 50er, 60er

Jahren nachweisen, beispielsweise in den Tagebüchern Max Frischs. Mit anderen Vorzeichen wird dieser Sprachstil jetzt wieder aufgenommen. Einfache, teilweise sehr kurze Hauptsätze werden aneinandergereiht. Der Leser muss logische Verknüpfungen häufig selbst herstellen und Leerstellen füllen, Doppelsinn erschließen. Bilder und Dialoge wirken kühl, beherrscht und ungekünstelt und sind dennoch mit einer großen sprachlichen Ökonomie verfasst, „nach allen Regeln der Kunst kunstlos."[1] Diese Sprache erinnert in ihrer Pointiertheit und Konzentriertheit an die Sprache der Schriftsteller nach 1945. Die Autoren der Trümmerliteratur und der Kahlschlagperiode versicherten sich ihres sprachlichen Inventars und seiner Möglichkeiten neu, indem sie auf Bilderreichtum, Metaphernfülle, lyrische Elemente verzichteten. Nach der Zeit des Missbrauchs der Sprache durch die Faschisten ging es um illusionslose und schmucklose Sprache, die helfen sollte, sich in der Welt zu orientieren:

Günter Eich, 1956

> „Ich schreibe Gedichte, um mich in der Wirklichkeit zu orientieren. Ich betrachte sie als trigonometrische Punkte oder als Bojen, die in einer unbekannten Fläche den Kurs markieren. Erst durch das Schreiben erlangen für mich die Dinge Wirklichkeit. Sie sind nicht meine Voraussetzung, sondern mein Ziel."[2]

Nach der Zeit der postmodernen Fülle von Stilrichtungen in den 80er und 90er Jahren entsteht ein neuer Schreibtrend, der einen neuen Glauben „an die Ausdruckskraft des Wortes"[3] zeigt.

---

1 Nentwich, Andrea: *Beziehungsgeschädigte Zerebralexistenzen. Peter Stamms beeindruckender Erzählband ‚Blitzeis'*. Neue Zürcher Zeitung, 07. 10. 1999

2 Eich, Günter: *Der Schriftsteller vor der Realität.* In: Gesammelte Werke, Bd. IV, Frankfurt am Main, 1973, S. 441

3 vgl. dazu die Ausführungen im „Kategorienkapitel Sprache" in: Aeschbacher, Marc: Tendenzen der Schweizerischen Gegenwartsliteratur (1964–1994). Bern: Peter Lang Verlag, 1997, S. 151

Beispiele:
Zoe Jenny, *Das Blütenstaubzimmer* (1997)
Zoe Jenny, *Der Ruf des Muschelhorns* (2000)
Karin Duwe, *Regenroman* (1999)
Maike Wetzel, *Hochzeiten* (2000)
Bernhard Schlink, *Der Vorleser* (1995)
Peter Stamm, *Agnes* (1998), *Blitzeis* (1999) u. v. m.

Auffassungswandel in Bezug auf die Wahrheit

Nicht nur in der Schweiz, sondern allgemein in Philosophie und Literatur veränderte sich die Auffassung zum Verhältnis zwischen Fiktion und Wirklichkeit. Noch in den 70er Jahren glaubte man an eine objektive, singuläre Wahrheit, die durch die Literatur ans Licht gebracht werden konnte. Literatur kam damit einer aufklärenden und Lügen aufdeckenden Funktion nach. Der anschließende Rückzug in die Autobiografie und die ‚neue Subjektivität' enthüllen die Einsicht in das Versagen der Fiktion vor der Wirklichkeit. Infolge von wachsenden Bedenken gegenüber realistischen Darstellungsmöglichkeiten und zunehmender Skepsis gegenüber der Ich-Identität und -Authentizität verlor sich auch der Glaube an eine einzelne Wahrheit. Der Anspruch an Wiedergabe von Wirklichkeit (als einzelne Wahrheit oder dem Nebeneinander vieler Wirklichkeiten) durch Literatur wurde in den 80er Jahren aufgegeben. Stattdessen verwies sie in zunehmendem Maß auf sich selbst und den Akt des Schreibens (z. B. in Friedrich Dürrenmatts Novelle *Der Auftrag oder Vom Beobachten des Beobachters der Beobachter*, 1986). Wenn nichts mehr als Wahrheit sprachlich abzubilden ist, besinnt man sich auf das eigentliche und grundlegende Thema der Literatur: das Schreiben selbst und das durch Sprache erzeugte Produkt. So gibt es eine Vielzahl von Texten, in deren Zentrum der Schreibende steht, dessen Identität vorwie-

Wirklichkeit ist nicht abzubilden

Schreiben als Thema

Durchschaubarkeit der Fiktionalität

gend durch den Schreibakt bestimmt ist. Die Hervorhebung der Produktionsinstanz wiederum betont (neben anderen Merkmalen) die Fiktionalität des Dargestellten. Die Texte, wie auch der vorliegende, legen es geradezu darauf an, als Fiktion entlarvt zu werden, weil eine unüberschaubare Welt nicht als auch nur im Ansatz abbildbar gesehen wird. „Mit dem Abschied von realistischer Darstellung büßte das Erzählte Linearität, Konsistenz und Mimesis ein. Sprachskepsis, ja der Zweifel an der Übereinstimmung von Zeichen und Bezeichnetem überhaupt, schienen der Literatur den Boden zu entziehen: Ihre Verankerung in der Welt."[4] Statt der Vermittlung einer Geschichte durch eine glaubwürdige Erzählinstanz gibt es jetzt Varianten, Irritationen, „das Konstruktionsprinzip der Wirklichkeitsüberblendung".[5]

Beispiele:
Peter Bichsel, *Die Jahreszeiten* (1967), *Der Busant. Von Trinkern, Polizisten und der schönen Magelone* (1985)
Otto F. Walter, *Der Stumme* (1983), *Das Staunen der Schlafwandler am Ende der Nacht* (1983)
Reto Hänny, *Ruch. Ein Bericht* (1984), *Flug* (1985)
Matthias Zschokke, *Max* (1982, *Prinz Hans* (1984), *ErSieEs* (1986)
Italo Calvino, *Wenn ein Reisender in einer Winternacht* (1983)
Robert Schneider, *Schlafes Bruder* (1992)

---

4 Scheitler, Irmgard: *Erzähltheorie der Gegenwartsprosa.* In: Deutschsprachige Gegenwartsprosa seit 1970. Tübingen und Basel: A. Francke Verlag, 2001, S. 9 f.

5 Schwahl, Markus: *Die Leere in der Mitte. Postmoderne Literatur im Unterricht: Peter Stamms Roman ‚Agnes'.* In: Ballis, Anja und Maiwald, Klaus (Hrsg.): Texte der Gegenwartsliteratur für die Schule, Bd. 2. Trier: Wissenschaftlicher Verlag Trier, 2009, S. 104

Postmoderne Merkmale

- Aufgabe des Zwanges, ständig etwas Neues machen zu müssen (Innovationszwang)
- Auflösung der trennenden Gattungszuordnungen, Aufhebung der Grenze zwischen unterhaltender und ‚ernster' Literatur
- Werk ist als literarisches Konstrukt erkennbar. Durchschaubarkeit der Konstruktionsmechanismen
- Nebeneinander vieler verschiedener Lesarten durch die Vielfalt der intertextuellen Bezüge (Spiel mit Zitaten, Verweise auf andere Werke der Literatur und der Kunst), Mehrfachkodierung (Doppeldeutigkeiten; Zuordnung und Verstehen auf verschiedenen Ebenen möglich), Leser als Co-Autor

Intertextualität

Mehrfachkodierung

- Metatextualität (Reflexion eines Textes über sich selbst, ein auf einem anderen Text beruhender Text), Verlust des Erzählers als verlässliche Instanz

Metatextualität

Amerika-Thematik im schweizerischen Roman des ausgehenden 20. Jahrhunderts

In der Schweizer Literatur gibt es eine Vielzahl von Texten, in denen der Schauplatz der Ereignisse (zumindest teilweise) Amerika ist und in denen ein bestimmtes Bild von Amerika im Verhältnis zur Schweiz vermittelt wird. Zu diesen gehören Werke von Peter Bichsel, Franz Böni, Friedrich Dürrenmatt, Christoph Geiser, Jürg Federspiel, Max Frisch, Eveline Hasler, Urs Jaeggi, Hanna Johansen, Rolf Lappert, Hugo Loetscher, Erica Pedretti, Kuno Raeber, Gerold Späth, Walter Vogt, Urs Widmer, Gertrud Wilker.[6] Auch in *Agnes* wird mit Klischees, Vorurteilen und neuen Sichtweisen

---

6 Eine ausführliche Beschreibung und Auflistung von Texten dazu befindet sich in: Sabalius, Romey: *Das Bild der USA in der zeitgenössischen Literatur der deutschsprachigen Schweiz*. Aus: Sabalius, Romey (Hrsg.): *Neue Perspektiven der deutschsprachigen Literatur in der Schweiz*. Amsterdamer Beiträge zur neueren Germanistik Band 40, Amsterdam – Atlanta, 1997

von Amerika bzw. der Schweiz umgegangen (vgl. *Agnes* S. 52, 100 f., 121 f., 124, 142 f., 85, 104, 137; dazu auch Bühler, Markus / Stamm, Peter: *Gotthard. Die Steinerne Seele der Schweiz.* AS Verlag 1997).

Auf andere Weise mit Schweizer Literatur verknüpft sich *Agnes* durch die Erinnerung an den Selbstmord des Schriftstellers Robert Walser auf einem einsamen Spaziergang im Schnee in der Schweiz.

Themen des Romans

Peter Stamms *Agnes* nimmt eine Reihe von wichtigen Themen der Gegenwartsliteratur auf:

Thema: Beziehungsunfähigkeit

- → unerfüllte Sehnsucht nach Liebe heutiger Menschen, Kühle und Beziehungsunfähigkeit; moderne Singles zwischen Freiheit und Sinnlosigkeit der Einzelexistenz; Eis, Kälte, Schnee als Metapher dafür
- → Einsamkeit und Tod
- → Heimatlosigkeit und Fremdheit
- → Wirkung und Macht der Medien
- → Gefühl des Mangels, Suchen nach dem Wesentlichen und Sinnhaftigkeit, Oberfläche und dahinter Stehendes, Bedeutungsverlust
- → Erzähler und Erzähltes

2.3 Angaben und Erläuterungen zu wesentlichen Werken

ZUSAMMEN-FASSUNG

Das Werk Peter Stamms ist bestimmt

→ durch seine Reise- und Lebenserfahrung in anderen Teilen der Welt
→ durch dennoch deutliche Identifikation als Schweizer
→ durch theoretische und praktische Auseinandersetzung und Erfahrung mit Medien (Rundfunk, Theater, Film: Teilnahme am Stoffentwicklungsprogramm „Step by Step“ der ‚Masterschool Drehbuch’ mit dem Filmprojekt *Agnes*, viele Hörspiele und Theaterstücke, Texte zur Radioarbeit u. a.)
→ durch theoretische und praktische Auseinandersetzung mit zeitgenössischer Literatur (Autor von Texten, Redakteur bei Literaturzeitschrift)
→ durch Erfahrung mit pointierter Dialoggestaltung (Hörspiel/Dramen/Prosa)
→ durch Einblick in sehr verschiedene Lebenssituationen und Erfahrungsbereiche

Reisen, Orte der Welt:
- → *Agnes*
- → *Ungefähre Landschaft*
- → *Sieben Jahre*

Schweizer:
- → *Agnes*
- → *Gotthard: Die steinerne Seele der Schweiz*
- → *Heidi*
- → *Seerücken*

Medien:
- → *Agnes*
- → *Warum wir vor der Stadt wohnen*
- → *Wir fliegen u. a.*

Schwerpunkte im Werk Peter Stamms im Bezug zu *Agnes*

Zeitgenössische Literatur:
Diensttage

Themenüberschreitung:
- → *Agnes*
- → *Blitzeis*
- → *Ungefähre Landschaft*
- → *In fremden Gärten*
- → *An einem Tag wie diesem*
- → *Wir fliegen*

Hörspielerfahrung:
Dialoggestaltung in *Agnes, Wir fliegen* und anderen Prosatexten

Alles über den Mann (1995)

Satire

Satirische, humorvolle Auseinandersetzung mit Vorurteilen und Klischees über die Geschlechter; psychologische, tiefenpsychologische Kenntnisse werden eingesetzt, ebenfalls vielfältige Reiseerfahrungen.

Blitzeis (1999)

Kurze Erzählungen über gescheiterte Beziehungen

Neun kurze Prosaerzählungen (kürzester Text ist zwei Seiten lang) handeln von jungen Menschen in verschiedenen Teilen der Welt als Bestandteil einer kühlen und gefühlsabtötenden Welt; sie sind unstete, misstrauische Einzelgänger, denen jedes Einlassen auf einen anderen gefährlich scheint.

Ungefähre Landschaft (2001)

Das Geschehen findet in der düsteren und „ungefähren" Landschaft Nordnorwegens statt. Dort ist die 28-jährige Katharine Zöllnerin. Sie hat einen Sohn, „das Kind", aus erster Ehe. Das Leben ist einsam, still und kalt. Schnee deckt alles zu, Spuren sind schnell verwischt. Die Verbindung zur Welt besteht durch E-Mails und Schiffe, das nächste Dorf ist viele Kilometer entfernt. Es gibt lediglich eine Fischfabrik, in der viele einsame, ausländische Arbeiter beschäftigt sind, und in der Katharina bei Bedarf ein Zimmer bezieht. Auch die zweite Ehe Katharinas erweist sich als „Irrtum". Katharina hat sich blenden lassen von Thomas' „Zielstrebigkeit", „von seinen Geschichten, von seiner Vergangenheit und von seiner Zukunft".[7] Dann stellt sie fest, dass alles „gelogen"[8] war und trennt sich von ihm. Aber auch als Katharina ausbricht und nach Mitteleuropa geht, stellt sie dort nur „verwischte Landschaften"[9] fest. Später heiratet sie Morton und hat mit ihm eine Tochter. Der Roman endet in kurzen Sätzen, in denen lakonisch der Alltag und weitere Lebensweg Katharinas in großen Zeitsprüngen festgestellt und dadurch als gleichförmig und unauffällig gekennzeichnet wird.

Lügen / keine verlässlichen Wahrheiten

Dieser Roman ist atmosphärisch sehr dicht. Leitmotivisch ist er geprägt durch Kälte, Schnee, das Hinterlassen von Spuren, Lebenslügen und -entwürfen, die der Realität nicht standhalten. Auch in diesem Roman wirkt sich Erfundenes, Fiktion, auf die Realität aus. Der Stil ist wieder sehr knapp und überlässt dem Leser Verknüpfungen und Bewertungen, sowie die Entdeckung intertextueller Verknüpfungen und Doppelkodierungen. Besonders der

Einfluss der Fiktion auf die Wirklichkeit

---

7 Stamm, Peter: *Ungefähre Landschaft*. Zürich, Hamburg: Arche-Verlag, 2001, S. 28
8 ebd., S. 44
9 ebd., S. 170

Überraschendes Ende

Schluss mit den durativ-iterativen Zeitsprüngen ist eine sehr gelungene Variante der Beendigung eines Romans.

An einem Tag wie diesem **(2006)**

Der Roman liest sich wie eine Fortsetzung von *Agnes*. Wieder spielt eine Geschichte eine entscheidende Rolle. Der männliche Protagonist Andreas verlässt Paris und seine gute Position als Lehrer, weil er sich durch eine Schullektüre an Fabienne erinnert, das französische Au-pair-Mädchen im Dorf seiner Kindheit. Sie ist mit Andreas durch eine „Liebesgeschichte, die keine gewesen war“, verbunden: „Er hatte sie geliebt, über ihre Gefühle war er sich nie klar geworden. Einen Sommer lang hatten sie sich fast täglich gesehen, hatten viel Zeit miteinander verbracht, aber er hatte sich nie getraut, ihr seine Liebe zu gestehen, und Fabienne schien nicht auf ein solches Geständnis zu warten.“[10] Viele Jahre hatten sie keinerlei Kontakt. Obwohl er eine Freundin (Delphine) mit auf die Reise in seinen schweizerischen Heimatort mitnimmt und Fabienne dort mit einem ehemaligen Jugendfreund Manuel verheiratet ist, kommt es zu einer einmaligen intimen Begegnung. Durch diesen „letzten“, „ersten Kuss“ wird Fabienne für Andreas „endlich lebendig“.[11] Fabienne hingegen grenzt ihre gemeinsame „Geschichte“ von der Beziehung zu Manuel ab: „Das mit Manuel ist keine Geschichte. Das ist die Realität.“[12] Danach fährt Andreas wieder nach Frankreich und sucht Delphine, die schon vorher abgereist war, auf einem Campingplatz auf.

Unterschiedliche Wahrnehmung der Beziehung

Auch dieser Roman spielt mit dem Verhältnis von Fiktion und Wirklichkeit und legt Konstruktionsprinzipien offen. Beziehungen

---

10 Stamm, Peter: *An einem Tag wie diesem*. Frankfurt am Main: S. Fischer Verlag, 2006, S. 21
11 ebd., S. 183
12 ebd., S. 182

zwischen Menschen, Dialoge, Verhalten werden von Geschichten und Literatur bestimmt, sie werden als Zitat oder „Sätze, die er gelesen hatte"[13], empfunden. Der Text ist reich an intertextuellen Verweisen.[14] Sowohl leitmotivisch (z. B. Spuren hinterlassen) als auch thematisch (Tod, Beziehungsunfähigkeit, Vereinzelung, Subjektivität der Perspektive, Medien etc.) und stilistisch (Parataxen) gibt es starke Ähnlichkeiten. Einen neuen Schwerpunkt legt der Roman auf die vielfältige Darstellung von Paarbeziehungen, die in den verschiedensten Varianten vorgestellt werden.

Nuancierte Darstellung unterschiedlicher Paarbeziehungen

Wir fliegen (2008)

12 Erzählungen, in denen es u. a. um die Suche nach Identität und Glück, Paarbeziehungen, Medien, Grenzerfahrungen und Alltag, Nähe und Distanz geht.

Sieben Jahre (2009)

Alex lebt zwischen zwei Frauen: Sonja ist schön, intelligent, aus guter Familie. Iwona kommt aus Polen und lebt illegal im Land. Sie ist auf eine naive Weise religiös, sieht nicht gut aus und ist kaum zu Gesprächen fähig. Dennoch kommt Alex nicht von Iwona los, obwohl er Sonja heiratet und mit ihr zusammenlebt und arbeitet. Die beiden führen ein Architekturbüro. Iwona scheint ihrerseits Alex als ihren Mann zu betrachten und hat keine anderen Beziehungen zu Männern. Als Iwona von Alex schwanger wird, entschließen sich Sonja und Alex – trotz der Krise, in der die beiden leben –, das Kind (Sophie) aufzunehmen und zu adoptieren. Dann gehen die Geschäfte immer schlechter und die Firma wird insol-

Konstellation: Mann zwischen zwei Frauen

---

13 ebd., S. 204

14 z. B. an Kafkas Parabel *Auf der Galerie* („und im Schlussmarsch wie in einem schweren Traum versinkend, weint er, ohne es zu wissen") – vgl. dazu Peter Stamm: *An einem Tag wie diesem*: „Er legte den Kopf auf das Lenkrad und weinte lange, ohne recht zu wissen, weshalb" (S. 195)

vent. Auch in der Ehe scheint alles zu zerbrechen. Sonja geht nach Marseille und kommt nur gelegentlich nach Hause um Sophie und Alex zu besuchen. Alex verliert völlig den Halt und wird zeitweise zum Trinker. Immer aber spürt er die Sehnsucht nach Iwona als „ein fast schmerzhaftes Verlangen, etwas Unkontrollierbares und Brutales“[15]. Als Sonja ihn endgültig verlässt, ist jedoch auch die Beziehung zu Iwona abgeschlossen. Es bleibt nur der immer wieder auftauchende Wunsch, sie „noch einmal zu besitzen“[16], der allerdings nicht in Handlung umgesetzt wird.

Wünsche, Sehnsüchte, Realitätsverlust

Wie in den vorangegangenen Texten Stamms geht es um Paarbeziehungen und die Unfähigkeit des Protagonisten, sich auf einen anderen einzulassen, gleichzeitig um Dominanz und Besitzanspruch. Es geht um unerfüllte und kaum begreifbare Sehnsüchte und Nuancen in Beziehungen, die sich nur schwer in Worte fassen lassen. Weiterhin geht es um den Umgang mit Realität. Sowohl Agnes als auch Sonja verlieren den rationalen Bezug zu ihrer Rolle als Mutter, wenn Agnes für ein nur in der Geschichte existierendes Kind einkauft und Sonja dem Adoptivkind Sophie über lange Zeit die Brust gibt.

Parallele zu *Agnes*

15 Stamm, Peter: *Sieben Jahre*. Frankfurt am Main: S. Fischer Verlag, 2009, S. 260
16 ebd., S. 296

3. TEXTANALYSE UND -INTERPRETATION

3.1 Entstehung und Quellen

Der Roman *Agnes* wurde schon von dem 20-jährigen Peter Stamm begonnen, aber nach vielen Absagen von Verlagen erst fünfzehn Jahre später veröffentlicht. In ihm schlagen sich Ausbildungs- und Reiseerfahrungen Peter Stamms nieder, seine Beschäftigung mit Literatur und Medien, vor allem aber sein Interesse an Menschen und ihren Beziehungen untereinander. Die verschiedenen Fassungen von *Agnes* (Roman, Hörspiel, Drehbuch) liefern sehr unterschiedliche Eindrücke von den Protagonisten und belegen die Deutungsoffenheit dieses Romans. In einem Brief bestätigt Peter Stamm die unterschiedliche Behandlung des Themas und die aktive Rolle des Lesers/Rezipienten:

Verschiedene Fassungen von *Agnes*

> „Ich denke, das Interpretieren ist Sache der Leserinnen und Leser. (…) Ich selbst analysiere meine Texte – wenn überhaupt – immer erst, nachdem sie geschrieben sind. Das geschieht teilweise in Gesprächen auf Lesereisen, teilweise, weil gewisse Themen mich verfolgen. Meine Interpretation ist aber immer nur eine mögliche von vielen, die der Text hoffentlich zulässt.“[17]

---

17 An Magret Möckel vom 19. 07. 2001

3.2 Inhaltsangabe

ZUSAMMEN-FASSUNG

Ein schweizerischer Schriftsteller von Sachliteratur, der namenlose Ich-Erzähler des Romans, trifft in Chicago auf die wesentlich jüngere Physikstudentin Agnes, mit der er schnell eine Beziehung eingeht. Sie ermuntert ihn, eine Geschichte über ihre Beziehung, ein „Porträt" von ihr zu schreiben. Dieser Herausforderung kommt der Erzähler nach, allerdings auf seine Weise, indem er die Agnes seiner Geschichte nach seinen Vorstellungen gestaltet. Als die Geschichte die Gegenwart der beiden überholt, verlangt er von seiner Partnerin, dass sie sich ihrer literarischen Vorlage anpassen muss. Es kommt zum Streit, als die wirkliche Agnes – im Gegensatz zur Agnes in der Geschichte – schwanger wird und er eine Abtreibung für selbstverständlich hält. Agnes verlässt ihn, wird aber krank und verliert ihr Kind. Sie kehrt später wieder zu ihm zurück. Auf der Suche nach einer guten Geschichte variieren die beiden Möglichkeiten der Alltags- und Beziehungsgestaltung. Der Erzähler schreibt in der Silvesternacht den für ihn einzigen möglichen Schluss der Geschichte „Agnes", die den Tod der jungen Frau im Schnee vorsieht. Er verlässt dann die Wohnung. Als der Erzähler nach Hause kommt, stellt er fest, dass Agnes diesen Schluss gelesen hat und danach verschwunden ist und bleibt. Mit der Feststellung „Agnes ist tot" beginnt der Roman.

1

Der Roman beginnt mit der abrupten Feststellung „Agnes ist tot. Eine Geschichte hat sie getötet. Nichts ist mir von ihr geblieben als diese Geschichte.“ (S. 9) Nach kurzer Darstellung der Gegenwart des Ich-Erzählers – er ist Schweizer, Autor von Sachliteratur (z. B. über die Geschichte von Luxuseisenbahnen) und schaut sich in seiner Wohnung gerade eine Videoaufnahme von einer Wanderung im letzten Sommer an – beginnt dieser rückblickend von Agnes und seiner Beziehung zu ihr zu erzählen.

Rückblick

2

Die „Geschichte“ (S. 9) beginnt neun Monate früher, im „April letzten Jahres“ (S. 13). Er begegnet Agnes auf seiner Recherchensuche in der öffentlichen Bibliothek in Chicago.

Erste Begegnung mit Agnes

3

Sie ist 25 Jahre alt, Studentin der Physik und schreibt gerade an ihrer Doktorarbeit. Trotz des Altersunterschieds – er ist etwa 40 Jahre alt – entwickelt sich die Beziehung „seltsam rasch“ (S. 54).

Beginn der Beziehung

4

Sie gehen gemeinsam chinesisch essen, führen Gespräche über Sterben und Tod.

5

„Wie selbstverständlich“ (S. 25) geht Agnes mit in seine Wohnung und bleibt bei ihm über Nacht. Für sie ist es die erste sexuelle Erfahrung.

Erster sexueller Kontakt

6

Erzähler als Schriftsteller

Agnes erfährt, dass der Schweizer früher auch Kurzgeschichten veröffentlicht hat und an einem Roman schrieb, diesen schriftstellerischen Weg allerdings als Misserfolg verbuchte. Er habe es nie geschafft, seine „Stoffe zu beherrschen", alles sei „künstlich" (S. 30) geblieben und daher habe er es auch bei dem Romananfang belassen. Agnes ermuntert ihn, diese Art der Schriftstellerei wieder aufzunehmen.

7

Von einer fünftägigen beruflichen Reise nach New York zurückgekehrt, wartet Agnes mit einer Überraschung auf ihn.

8

Agnes schreibt eine Geschichte

Sie hat sich von seinem schriftstellerischen Tun animieren lassen und eine kurze Geschichte geschrieben. Diese zeigt sie ihm voller Stolz. Auf seine negative Reaktion hin löscht sie ihren auf dem Computer geschriebenen Text aber gleich wieder. Ihre Enttäuschung zeigt sie ihm nur kurz.

9

Agnes' Bitte um Geschichte über sie

Stattdessen bittet sie ihn einige Tage später eine Geschichte über sie zu schreiben, ein „Porträt" (S. 48) von ihr zu fertigen. Er steht der Idee anfangs ablehnend gegenüber, entwickelt dann jedoch Neugier und Lust auf das „Experiment" (S. 50). Agnes möchte gleich mit ihrer „Liebesgeschichte" (S. 50) anfangen, aber er besteht darauf, alleine zu schreiben.

10

So beginnt er mit Agnes' Geschichte, angefangen von dem Zeitpunkt ihres Kennenlernens. Agnes kommentiert die jeweils fertigen Passagen. Erstaunt muss er dabei feststellen, dass sie sehr unterschiedliche Erinnerungen an gemeinsame Erlebnisse haben. Er setzt jedoch seine Version jeweils in der geschriebenen Fassung durch.

Dominanz des Erzählers

11

Einige Monate später, sein Text ist seiner Vorstellung nach schon viel zu lang geworden, hat er, „spät im August" (S. 57), mit seiner Geschichte ihre Gegenwart erreicht. Mit diesem Zeitpunkt verändert sich seine Beziehung zu Agnes in Wechselwirkung mit der Geschichte. Er beobachtet sie wie einen bislang unbekannten Menschen und fühlt einen starken Drang, ständig in ihrer Nähe zu sein. Er stellt fest, wie wenig er sie kennt.

Einfluss der Geschichte auf die Wahrnehmung der realen Person

12

Dann „überholt" (S. 63) er die Gegenwart und stößt in die Zukunft vor. Agnes empfindet er jetzt als sein „Geschöpf" (S. 62), das seiner freien Fantasie unterliegt.

Freiheit des Erzählers

13

Er schreibt über zukünftige Ereignisse und gemeinsame Aktivitäten, als seien sie schon Vergangenheit, liest sie Agnes vor und drängt dann auf die Umsetzung seiner Geschichte in der Realität. Es beginnt harmlos mit der Festlegung ihres Kleides, das sie zu einem Besuch bei ihm trägt, und setzt sich fort mit ihrer vorab beschriebenen Zustimmung, bei ihm einzuziehen. Agnes reagiert neugierig und belustigt, richtet sich aber weitgehend nach seinen „Befehlen" (S. 64), wie sie die Vorausdeutungen ihrer Zukunft ironisch nennt. So zieht sie Ende September bei ihm ein. Dieses „Spiel" (S. 68) wird von ihnen eine Weile fortgesetzt. Er schreibt ein paar Szenen und dann spielen beide ihre Rolle wie in der Geschichte. Ihr Leben verläuft ansonsten gleichförmig und ruhig.

Unterordnung Agnes' unter die Vorgaben/ Rollenspiele

14

Dann aber stellt er fest, dass etwas passieren müsse, damit die Geschichte interessanter wird. Glück mache keine guten Geschichten. Zudem seien sie keine guten Schauspieler. Ausgehend von einem Gespräch über Glück mit Agnes besuchen sie das *Art Institute of Chicago.* Dort suchen sie nach einem Bild von glücklichen Menschen und stoßen auf das Bild des Malers Seurat: „*Un Dimanche d'été à l'Île de la Grande Jatte*"[18]. Ihrer Meinung nach sind zwar keine glücklichen Menschen gemalt, aber durch die Ausstrahlung von Ruhe kommt es ihren Vorstellungen am nächsten. Beide identifizieren sich und den anderen mit ganz unterschiedlichen Figuren dieses Bildes.

(Vor-)Bild von glücklichen Menschen

Georges Seurat, „Un dimanche après-midi à L'Île de la Grande Jatte" © akg-images/ Erich Lessing

18 Das Bild wird hier ungenau zitiert.

15

Im Oktober machen der Schriftsteller und Agnes eine mehrtägige Wanderung durch einen Nationalpark in der Nähe von Chicago. Agnes fällt in einer völlig menschenleeren Gegend abends in Ohnmacht, was den Schweizer in „panische Angst" (S. 73) versetzt.

16

Am folgenden Tag geht es ihr allerdings wieder besser, so dass sie die Wanderung fortsetzen können. Dabei kommen sie an einer verlassenen Siedlung vorbei. Sie führen Gespräche über Einsamkeit, spurloses Verschwinden, Tod durch Erfrieren. Am dritten Tag kehren sie nachmittags nach Chicago zurück.

Vorausdeutung des Endes

17

Zu Hause bei der Fortsetzung seiner Geschichte von Agnes fühlt der Schweizer sich wie durch einen fremden Willen gelenkt. Traum, Fiktion und Realität grenzen sich nicht mehr voneinander ab. So erlebt er die Vorstellung von Agnes' zugleich ängstlicher und wütender Ablehnung einer möglichen Heirat, als sei sie Realität. Er fantasiert Ereignisse und Gespräche, schreibt diese auf und glaubt den Kommentar der realen Agnes dazu, ihre Zustimmung oder Ablehnung schon zu kennen, bevor sie seinen Text gelesen hat. Die emotionale Reaktion auf die Aussagen seiner „Traumfigur" ist darauf zurückzuführen, dass er meint, durch seine Texte die Gefühle der lebenden Agnes „unbewusst" (S. 82) erraten zu haben.

Vermischung von Realität und Fiktion

18

Am letzten Oktobertag nimmt Agnes, verkleidet als Elfe, am Halloween-Umzug der Universität teil. Zu ihrer Enttäuschung schaut ihr Geliebter sich nicht den Umzug an, sondern nimmt seinerseits eine Einladung zu einer Party an. Er begründet dies ihr gegenüber damit, dass er die Einladung der Eisenbahngesellschaft, über die er schreibt, nicht ablehnen könne. Agnes ist böse, auch als er einzulenken versucht und ihr verspricht, vor Mitternacht bei der Uni zu sein. Auf der Party lernt er dann allerdings Louise kennen, die Tochter eines französischen Kornhändlers und einer Amerikanerin, die in der Public Relation Abteilung der Pullman Leasing, einer Firma, die Güterwagen vermietet, arbeitet. Sie unterhalten sich lange angeregt und verabreden private und dienstliche Treffen.

Begegnung mit Louise

19

Der Schweizer verlässt die Party erst nach Mitternacht, versucht auch halbherzig, Agnes auf dem Uni-Ball zu treffen, findet Agnes nicht und geht dann nach Hause. Am frühen Morgen kommt Agnes betrunken und müde nach Hause. Sie reagiert auch am nächsten Tag noch böse und abweisend gegenüber seinen Annäherungsversuchen, weil sie stundenlang auf ihn gewartet hat und sich vernachlässigt fühlt. Am folgenden Abend versucht Agnes ein Gespräch anzufangen und beginnt mit der Frage, was mit ihnen und ihrer Beziehung geschähe, wenn er sein Buch beendet habe. Er weicht dem Gespräch aus und reagiert deutlich abweisend, als sie ihm eröffnet, schwanger zu sein. Daraufhin macht er durch sein Verhalten und dann auch durch Worte klar, dass er kein Kind will. Er wirft Agnes mangelnde Liebe vor, da sie sich nicht wie in seiner Geschichte vorgesehen verhält. Ausdrücklich argumentiert er ihr gegenüber, dass die Agnes seiner Geschichte auch nicht schwanger ist, deshalb könne sie auch nicht schwanger sein und er könne kein Kind brauchen. Er rät Agnes zur Abtreibung. Agnes schickt ihn daraufhin entrüstet weg.

Streit, Verkündung der Schwangerschaft

20

Als er nach einem langen Spaziergang in Kälte und Nacht nach Hause zurückkommt, ist Agnes mit ihren wichtigsten Habseligkeiten aus- und wieder in ihre eigene Wohnung gezogen. Dies erfährt er durch ihren Anruf am nächsten Morgen. Sie eröffnet ihm, dass sie nach New York zu einem früheren Freund, Herbert, gehen wolle, wenn es mit dem Kind soweit sei. Da er kein Kind wolle, bekomme er auch keines. Sie bittet ihn, die Wohnung am Nachmittag zu verlassen, damit sie in Ruhe alle übrigen Dinge abholen könne. Er folgt ihrem Wunsch, nicht ohne eifersüchtige Gedanken über Herbert.

Trennung

21

Seine Bemühungen, sie telefonisch oder durch Briefe zu erreichen, scheitern in den nächsten Tagen und so beginnt er „vielleicht eine Woche nach Agnes' Auszug“ (S. 96) sich ständig an den Plätzen aufzuhalten, die Agnes auch aufsucht oder die in ihrer Nähe sind. Er ist unruhig und kann sich weder auf die Arbeit konzentrieren noch in Ruhe zu Hause sein.

Zufällig trifft er in der Bibliothek Louise wieder und verabredet sich mit ihr. Er erzählt von Agnes, erwähnt aber ihre Schwangerschaft nicht und stellt die Beziehung Louise gegenüber so dar, dass Agnes ihn verlassen habe. Louise intensiviert den Kontakt mit ihm. Obwohl er ein schlechtes Gewissen hat, nimmt er ihre Einladung zu einem Essen im Hause ihrer Eltern an. Nach dieser Zusage liest er erstmals wieder auf dem Computer seine Geschichte über Agnes und nimmt die Arbeit daran wieder auf.

Aufnahme der Beziehung zu Louise, Arbeit an der Geschichte

22

Während des Besuchs bei Louise kommen sie und der Schweizer sich näher. Die Eltern von Louise behandeln den Schriftsteller so, als sei er der zukünftige Schwiegersohn.

23

Intensivierung des Kontaktes zu Louise

Weil er Louise wiedersehen will, besucht er sie einige Tage später in ihrem Büro. Der offizielle Grund sind Recherchen für sein Buch über Luxuseisenbahnen. Am Ende des Besuches küssen sie sich, aber Louise stellt fest, dass keine gegenseitige Liebe besteht.

24

Erzähler schreibt sich sein Kind

Der Gedanke an Agnes und ihr gemeinsames Kind lässt den Erzähler nicht zur Ruhe kommen. Auf einem Spaziergang versucht er sich das Kind erst bildlich vorzustellen, als dies nicht gelingt, schreibt er an der Fortsetzung seiner Geschichte. In dieser wird ihnen ein Mädchen geboren, dem er den Namen Margaret gibt, alle sind romanhaft glücklich und zufrieden. Durch die eigene Fiktion geleitet, glaubt der Ich-Erzähler euphorisch an eine gemeinsame Zukunft mit der realen Agnes. Er schreibt ihr sofort einen Brief. Als er in seine Wohnung zurückgekehrt ist, bekommt er die Nachricht von einer Freundin Agnes', dass diese krank sei und Hilfe brauche. Jetzt aber reagiert er zögerlich, wirft den Brief weg und entschließt sich erst drei Tage später zu einem Besuch.

25

Kontrast zwischen problematischer Realität und positiver Fiktion

Agnes ist offensichtlich krank und geschwächt. Sie eröffnet ihm, dass sie eine Fehlgeburt gehabt habe, das „Kindsmaterial" (S. 111) nicht lebensfähig gewesen sei. Er bleibt über Nacht bei ihr. In einem kurzen Gespräch am nächsten Morgen versucht er eine Entschuldigung und Agnes erklärt ihm daraufhin, was sie zum Auszug bewogen hätte: Nicht die Worte, sondern sein Verhalten, dass er „einfach weggelaufen" (S. 113) sei, habe den Ausschlag gegeben.

26

Obwohl sie von der Fehlgeburt psychisch wie körperlich belastet ist, zieht Agnes wieder zu dem Schweizer. Dieser erzählt ihr von Louise und ist gekränkt über ihre Reaktion, die er als Gleichgültigkeit versteht. Sie fordert ihn lediglich auf, „alles (...), was geschehen ist" (S. 114), aufzuschreiben. Daraufhin eröffnet er ihr, dass er schon eine Fortsetzung der Geschichte geschrieben hat, die sich allerdings deutlich von der Realität unterscheidet. Agnes liest das Geschriebene und möchte, dass er durch Schreiben das Kind lebendig macht, etwas, was sie „nicht geschafft" (S. 116) hat. Gemeinsam erfinden sie sich ein glückliches Familienleben als Ehepaar mit Margaret und deren jüngerem Bruder und schreiben dies auf.

Wiederaufnahme der Beziehung zu Agnes

Erfindung eines glücklichen Familienlebens

27

Wie in einen Sog geraten, überträgt Agnes die Erfindung in die Realität und kauft in den vorweihnachtlich geschmückten Läden Geschenke und Kleidung für Margaret. Doch dann erkennt sie, dass alles „Lüge" (S. 119) ist. Das erfundene Leben hat sich mit dem realen vermischt und dies empfindet sie als „krank". Sie möchte fortan, dass Geschriebenes und Realität übereinstimmen. Gleichzeitig fordert sie den Ich-Erzähler auf, aufzuschreiben, „wie es weitergeht", um zu wissen, „was geschieht" (S. 119). Dann werden alle gekauften Sachen weggeworfen. Agnes spricht über ihr Verhältnis zu Büchern. Sie erzählt von ihrer früheren Leseleidenschaft und sagt, dass sie nicht mehr so viel lese, weil die Bücher zu viel „Gewalt" (S. 120) über sie gehabt haben. Sie sagt, dass sie

Macht der Wörter

irrtümlich geglaubt habe, immun gegen das „Gift" (S. 120) der Bücher geworden zu sein.

28

Obwohl der Ich-Erzähler den Eindruck hat, dass Agnes sich erholt hat, konstatiert er gleichzeitig eine gewisse Distanz ihm gegenüber. Einerseits zieht sie sich physisch und verbal zurück, andererseits wird sie „aktiv wie selten zuvor" (S. 122). Er ist von diesen Aktivitäten – Arbeit in der Universität, Cello-Spielen, Sport – allerdings ausgeschlossen. Nur einmal, kurz vor Weihnachten, putzen sie auf Agnes' Drängen hin einen Abend lang gemeinsam die Wohnung. Sie stellt dabei erstaunt fest, dass er noch weniger „Sachen" (S. 123) hat als sie. Er erinnert sie daraufhin daran, dass er nur vorübergehend in Amerika sei und seinen Hauptwohnsitz in der Schweiz habe. Als er die Möglichkeit vorschlägt, dass sie ihn in die Schweiz begleitet, nennt sie diese Lösung ein „happy ending" (S. 124) für seine Geschichte.

Amerika

29

Heiligabend verbringen die beiden allein in seiner Wohnung. Der Schweizer hat seine fast vollständige Geschichte ausgedruckt und schenkt sie Agnes mit dem Versprechen, alles zu einem kleinen Buch binden zu lassen, sobald der Schluss gefunden und aufgeschrieben ist. Agnes hat für ihn einen Pullover gestrickt. Auch Louise hat für ihn ein Geschenk geschickt, verbunden mit einer Einladung zu einer Neujahrsparty. Er könne seine Agnes auch mitbringen. Im folgenden Gespräch und als sie auf dem Dach die Sterne anschauen, stellen sie wieder fest, wie unterschiedlich sie sind und wie wenig sie einander kennen.

Aspekte der Produktion und Funktion von Literatur

Subjektivität der Sichtweise

30

Am nächsten Tag ist Agnes erkältet und bleibt im Bett. Durch die Lektüre eines Gedichtes von Dylan Thomas, in dem es um den Tod eines Kindes geht, wird sie wieder schmerzlich an die Fehlgeburt erinnert. Sie hat den Verlust offenbar noch nicht verkraftet. Dazu kommt, dass sich ihr Gesundheitszustand verschlechtert. Der Schweizer kümmert sich um die Fiebernde. Nach einem Spaziergang in der verschneiten Stadt bis zum See fällt ihm der Schluss seiner Geschichte ein. Er beschreibt die zurückliegende Zeit „beinahe bis zum Weihnachtsfest" (S. 132) und setzt dann wie in Trance die Geschichte fort. Dabei hat er das Gefühl, nur das aufzuzeichnen, was „wie ein Film" (S. 132) vor seinem inneren Auge abläuft. Er beschreibt, wie Agnes sich allein und in der nächtlichen Kälte der Silvesternacht nach Willow Springs begibt und dort einsam in die Dunkelheit wandert. Es wird nahegelegt, dass sie den Tod durch Erfrieren sucht. Als er seinen Schluss noch einmal überliest, sieht er, dass dieser Schluss „unmöglich", „unzumutbar für Agnes" und „unerträglich" (S. 133) für sich selbst ist. Er beschließt, am nächsten Tag ausgeruht einen zweiten guten Schluss zu finden, speichert das Geschriebene aber ab.

Schluss der Geschichte

31

Am nächsten Tag geht es Agnes etwas besser. Den in der Nacht gefällten Beschluss umsetzend, schreibt der Schweizer einen zweiten, durchweg positiven Schluss für seine Geschichte. Dabei hält er sich im Rückblick weitgehend an die Realität, lässt aber alles Negative weg und beschreibt dann vorausdeutend eine Silvesternacht der beiden Protagonisten, die durch das Gefühl der Zusammengehörigkeit und der innigen Verbundenheit der beiden Partner geprägt ist. Diese Version empfindet er als eine Art Wiedergutmachung. Als Agnes kommt und nach dem Ende der

Schlussvariante zwei

Geschichte fragt, sagt er ihr, dass sie fertig sei und gut ausgehe. Agnes macht ihrerseits deutlich, dass sie jetzt nicht mehr möchte, dass der Text beendet wird.

32

Präferenz der ersten Version

Obwohl er die Geschichte eigentlich abgeschlossen hat, arbeitet er weiter daran am Computer. Die wichtigste Änderung ist, dass er die erste Schlussversion jetzt als den „einzig" (S. 139) möglichen, wahren Schluss einsetzt. Dabei befindet er sich in einem gereizten und getriebenen Zustand, der schließlich zu einem Streitgespräch mit Agnes führt. Sie aber erklärt sich als krank und zu müde zum Streiten.

33

Jahresende

Am nächsten Tag ist Silvester. Mit Agnes' Zustimmung geht er allein auf die Party bei Louise. Sie verabschiedet sich von ihm, als sei es für eine längere Zeit. Der Abend endet mit einer Nacht in Louises Apartment.

34

Erzähler ohne feste Kontakte und Bindungen

Erst als sie ihn am frühen Morgen nach Hause bringt, erzählt der Schweizer Louise, dass Agnes wieder bei ihm eingezogen ist. Louise ist enttäuscht und verletzt; sie wirft dem Schweizer mangelnde Offenheit vor. Er verabschiedet sich schnell und will in seine Wohnung gehen, verwechselt aber die Stockwerke und klingelt aus diesem Missverständnis heraus einen japanischen Hausbewohner aus dem Bett. Ihm fällt auf, dass er keinen Menschen in seinem Wohnhaus richtig kennt.

35

Endlich in seiner richtigen Wohnung angekommen, bemerkt er sofort, dass der Computer während seiner Abwesenheit eingeschaltet wurde und immer noch läuft. Auf dem Bildschirm erscheint das heimlich geschriebene Ende seiner Geschichte, die den Selbstmord von Agnes durch Erfrieren im Wald im Detail beschreibt. Agnes hat diesen Schluss offenbar gelesen und dann die Wohnung, nur mit einem Mantel gekleidet, verlassen.

Weggang von Agnes

36

Das erste Kapitel schließt wieder an dieses letzte Kapitel an. Es konstatiert knapp und abschließend, dass Agnes nicht zurückgekommen sei. Er habe zwar gewartet, hat aber auch nichts unternommen, um sie zu suchen. Dann wird wieder die Gegenwart des Erzählers aufgegriffen: Er schaut sich den Film an, den Agnes bei ihrer Wanderung im Nationalpark gemacht hat. Der Film endet unvermittelt.

Erzählergegenwart

Chronologie der Ereignisse

ZEITPUNKT	KAPITEL	EREIGNIS
April	2, 3	Erzähler begegnet Agnes in der Bibliothek, sie treffen sich beinahe jeden Tag
ein paar Wochen später	4, 5, 6	gemeinsames Essen in einem chinesischen Restaurant, Episode mit der toten Frau auf dem Gehweg, erste Nacht mit Agnes in seiner Wohnung
Juni	7, 8	fünftägige Reise des Erzählers nach New York, Begegnung mit der dicken Frau im Zug, Rückkehr am Sonntag: Agnes zeigt dem Erzähler ihre Geschichte, löscht sie dann

ZEITPUNKT	KAPITEL	EREIGNIS
Abend des 3. **Juli**	9, 10	Agnes bittet ihn, ihre Geschichte zu schreiben, erster Satz der Geschichte „Agnes", Beginn der Schreibarbeit an der Geschichte
Juli	11	Erzähler vernachlässigt seine Arbeit, schreibt statt dessen an Agnes' Geschichte, Dispute mit Agnes über das Geschriebene
spät im **August**	11	Text erreicht die Gegenwart
Anfang **September**	11	Spaziergang im Wald mit Agnes, Agnes schläft auf der Lichtung ein
	12	neue Beziehung zu Agnes
wenige Tage nach dem Ausflug	12	Geschichte stößt in die Zukunft vor, überholt Gegenwart, Erzähler lädt Agnes zu sich „im blauen Kleid" ein
ein Tag später	13	Agnes kommt im „blauen Kleid", Erzähler bittet Agnes mittels Geschichte, bei ihm einzuziehen
Ende September	13	Agnes zieht bei dem Erzähler ein
Anfang **Oktober**	14	Besuch im Art Institute of Chicago
2. Wochenende im Oktober, Freitag bis Montag	15, 16	Wochenendwanderung im Nationalpark bei Chicago
31. Oktober	18	Agnes nimmt am Halloween-Umzug der Universität teil, der Erzähler nimmt eine Einladung zur Party an, erste Begegnung mit Louise
1. **November**	19, 20	Agnes teilt dem Erzähler mit, dass sie schwanger ist, er rät zur Abtreibung, Agnes verlässt ihn
erste Novemberwoche, Thanksgiving-Day	21, 22	Erzähler versucht, Kontakt mit Agnes aufzunehmen, begegnet Louise erneut, nimmt eine Einladung zum Thanksgiving-Essen an

ZEITPUNKT	KAPITEL	EREIGNIS
zweite Novemberhälfte	23	Erzähler trifft Louise an ihrem Arbeitsplatz, besichtigt mit ihr das Archiv, es kommt zu Zärtlichkeiten, obwohl Louise fehlende gegenseitige Liebe konstatiert
Ende November (Tag nach dem Treffen mit Louise)	24	Erzähler „schreibt" sich sein Kind „Margaret", er bekommt die Nachricht, dass Agnes krank ist und seine Hilfe braucht
(drei Tage später, bis zum folgenden Tag)	25	Erzähler besucht Agnes, erfährt von ihr, dass sie ihr Kind verloren hat
Anfang **Dezember**	26, 27	Agnes zieht wieder zum Erzähler, liest über Margaret, ermuntert zum Weiterschreiben, Weihnachtseinkäufe für das erdachte Kind, Entlarvung des Tuns als Lüge
(Advent)	28	Saubermachen in der Wohnung, Gespräche über Bücher, Physik etc.
Dezember (Heiligabend)	29	Weihnachtsfeier zu zweit (Agnes und Erzähler)
25. Dezember (1. Weihnachtstag)	30	Agnes ist krank, Erzähler schreibt heimlich Schluss für die Geschichte „Agnes"
26. Dezember (2. Weihnachtstag)	31, 32	Erzähler schreibt eine zweite positive Version des Schlusses der Geschichte, Agnes gestattet ihm, allein die Einladung zur Silvesterparty bei Louise anzunehmen
31. Dezember (Silvester)	33	Party bei Louise, Erzähler schläft mit ihr
1. **Januar**	34	Louise bringt Erzähler nach Hause, er irrt sich im Stockwerk und klingelt versehentlich ein Stockwerk tiefer einen Mitbewohner aus dessen Wohnung

ZEITPUNKT	KAPITEL	EREIGNIS
	35	die eigene Wohnung findet er verlassen vor, die erste Schlussfassung der Geschichte ist auf dem Bildschirm des Computers aktiviert worden und noch lesbar, Anzeichen für einen unvermittelten Aufbruch Agnes'
2. Januar (Gegenwart des Erzählers)	36, 1	Erzähler konstatiert, dass Agnes nicht zurückgekommen ist, schaut sich den Film über den Ausflug in den Nationalpark an, beginnt mit den Erinnerungen

3.3 Aufbau

ZUSAMMEN-FASSUNG

Der Roman ist in 36 zum Teil sehr kurze Kapitel ohne Überschrift untergliedert. Von der Chronologie der Ereignisse her gesehen, beginnt er im zweiten Kapitel mit dem ersten Treffen zwischen Agnes und dem Erzähler. Der Text schreitet dann in chronologischer Reihenfolge vor (im Imperfekt), wobei Textteile der Geschichte „Agnes", die der Ich-Erzähler zu schreiben beginnt, fortlaufend in den Text integriert sind, entsprechend dem Zeitpunkt ihres Entstehens. Sie sind – von wenigen Ausnahmen abgesehen – deutlich durch Kursivschrift gekennzeichnet. Im Gespräch mit Agnes oder durch Erlebnisse des Ich-Erzählers werden kurze Episoden auch aus der Vergangenheit der beiden einbezogen. Das letzte Kapitel endet in der Erzählergegenwart (im Präsens); das erste Kapitel (ebenfalls im Präsens) ist eine nahtlose Fortsetzung des letzten Kapitels, wodurch eine Zirkelstruktur erzeugt wird.
Zwischen den Ereignissen der einzelnen Kapitel liegen meist kleinere Zeitsprünge (einige Stunden bis hin zu mehreren Wochen), einige Kapitel schließen unmittelbar an das vorhergehende an. Die erzählte Zeit umfasst insgesamt neun Monate.

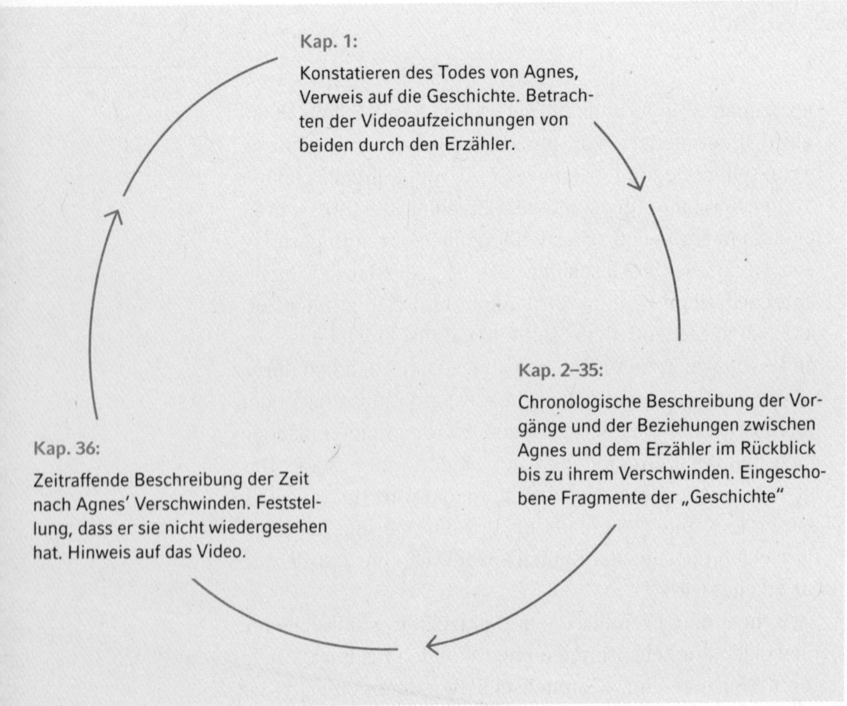
Kap. 1:
Konstatieren des Todes von Agnes, Verweis auf die Geschichte. Betrachten der Videoaufzeichnungen von beiden durch den Erzähler.
Kap. 2–35:
Chronologische Beschreibung der Vorgänge und der Beziehungen zwischen Agnes und dem Erzähler im Rückblick bis zu ihrem Verschwinden. Eingeschobene Fragmente der „Geschichte"
Kap. 36:
Zeitraffende Beschreibung der Zeit nach Agnes' Verschwinden. Feststellung, dass er sie nicht wiedergesehen hat. Hinweis auf das Video.

Die eingeschobenen Erzählungen und Episoden

KAPITEL	EREIGNIS	KONTEXT	BEDEUTUNG FÜR DEN ROMAN
3, S. 18 f.	Herbert begegnet einer fremden Frau	Agnes erzählt davon	Liebe, spontane Beziehung zwischen Fremden
4, S. 22 f.	Die tote Frau auf dem Gehweg	Ich-Erzähler findet sie vor dem Restaurant	Gespräche über Tod, Bedeutung des Lebens, Angst vor Tod, im Tod zur Ruhe kommen
5, S. 27	Agnes erzählt von der Sonntagschullehrerin	Agnes erinnert sich nach der ersten gemeinsamen Nacht	Gespräch über Glaube an Leben nach dem Tod, Weiterleben in der Erinnerung anderer
6, S. 32 f.	Der Tod des Pfadfindermädchens	Gespräch über Stonehenge, Bücher, Zeichen setzen	Verlorengehen in Wäldern, spurloses Verschwinden, Tod im Wald
7, S. 34 ff.	Die Begegnung mit der dicken Frau im Zug	Dienstreise des Erzählers nach New York	Vermeiden von körperlicher Nähe eines Fremden, Bindung einer naiven Frau an einen Unbekannten (nur durch Briefkontakt, d. h. Schreiben), Warnung bezüglich der Schlechtigkeit von Männern

KAPITEL	EREIGNIS	KONTEXT	BEDEUTUNG FÜR DEN ROMAN
8, S. 40 f.	Agnes' Abschiedsfeier nach dem Examen	Agnes erzählt im Zusammenhang mit dem Foto	Flirt mit einem Unbekannten aus Trotz, Beziehung zu Vater und zu Herbert
11, S. 58 f.	Picknick im Park	Geschichte hat die Gegenwart erreicht	neues Gefühl des Unbekannten bei Agnes, Agnes' Körper als Landschaft gesehen
14, S. 67 ff.	Besuch im Museum	Suche nach einem Bild vom Glück	Möglichkeiten der Konstruktion und der Betrachtung von Bildern, Darstellungen, Beurteilung von Leben und Glück
15/16, S. 70–78	Wanderung im Nationalpark	nach dem Museumsbesuch	Wälder, Spuren, Krankheit und Tod, Einsamkeit, See u. v. m.
18, S. 84 f.	Begegnung mit Louise	Party statt der Einladung Agnes' zum Halloween-Umzug	Masken, Medien, innerliche Entfernung von Agnes, Kontakt mit Louise, Vorurteile gegenüber amerikanischen Männern und Frauen
22, S. 100 ff.	Thanksgiving-Essen bei Louise	Trennung von Agnes	Europa – Amerika, Bücher, Filme, Bilder, Eingeschränktheit der Perspektive

KAPITEL	EREIGNIS	KONTEXT	BEDEUTUNG FÜR DEN ROMAN
23, S.104	Besuch im Pullman-Archiv	intensivierter Kontakt zu Louise	Vision von Freiheit, Bilder, Liebe ohne Bindung und Sex ohne Liebe
25, S. 111 f.	Inspektion von Agnes' Wohnung	nach der Fehlgeburt	Sauberkeit, Spurlosigkeit von Agnes, Distanz des Erzählers zu Agnes
29, S.125 f.	Weihnachten auf dem Dach	Beziehung zu Agnes und zu Louise	Lebensalternativen, Perspektive, Sterne, Kälte
34, S.148 f.	Verwechslung der Stockwerke nach der Silvesterfeier bei Louise	Intimitäten mit Louise, Krankheit von Agnes	Isolation und Fremdheit der Menschen, Zurückweisen von menschlicher Nähe

3.4 Personenkonstellation und Charakteristiken

ZUSAMMEN-FASSUNG

Agnes:
Sie ist Physikstudentin an der Universität in Chicago. Dort begegnet sie dem Ich-Erzähler und beginnt eine Beziehung mit ihm. Sie wird als ordentlich, gründlich, wenig gesellig dargestellt. Weiterhin ist sie klug und selbstständig, andererseits aber auch verletzlich und emotional. Sie spielt Cello. Außerdem interessiert sie sich für Literatur und beschäftigt sich gedanklich mit dem Tod.

Kontrastfigur zu Agnes:
Louise (zeitweilige Geliebte des Erzählers)

Der Erzähler:
Er fühlt sich von Agnes angezogen, obwohl er sehr viel älter ist als sie. Er lebt schon lange in Chicago, dennoch hat er kaum Freunde. Seine wichtigsten Eigenschaften sind Neugierde, Rechthaberei, Streben nach Dominanz. Er zeigt wenig Verantwortungsbewusstsein.

Agnes

Blick auf Agnes nur durch Perspektive des Erzählers möglich

Der Leser begleitet Agnes neun Monate hindurch bis zu ihrem mutmaßlichen Tod. Dabei ist zu berücksichtigen, dass alles, was er über Agnes erfährt, durch die Perspektive des Erzählers gefiltert ist. Dieser bietet seine Sichtweise von Agnes an, erzählt und lässt aus, was ihm wichtig und richtig scheint. Hinzu kommt, dass eine völlig klare Trennung zwischen Agnes und der gleichnamigen Figur in der Erzählung zumindest bei oberflächlicher Lektüre schwer fällt. Dieser Tatbestand und die sprachliche Gestaltung (z. T. sehr knappe Hinweise und Anhaltspunkte) bieten dem Le-

Trennung zw. Agnes und der Figur in der Geschichte „Agnes" fällt nicht leicht

ser recht großen Spielraum, aktiv in den Kommunikationsprozess zwischen Text und Leser einzutreten und Leerstellen mit eigenen Gedanken, Bildern und Erfahrungen zu füllen. Jeder einzelne Leser wird deshalb ein individuell bestimmtes Bild der Personen, hier von Agnes, entwickeln. Unter diesem Vorbehalt soll dennoch eine Beschreibung von ihr versucht werden.

Unauffällig, schlank, langes Haar, blass

Äußerlich wird Agnes als „nicht auffallend", „schlank und nicht sehr groß" (S. 14), mit dichtem schulterlangem Haar geschildert. Sie ist ungeschminkt und bleich im Gesicht. Diese Gesichtsfarbe ist vermutlich auf die Jahreszeit (April) und die langwierige Arbeit in der Bibliothek zurückzuführen. Später erfahren wir, dass sie viel spazieren geht, gern wandert und sich im Freien aufhält. Es ist vor allem ihr Blick, der dem Erzähler als „außergewöhnlich", „als könne sie mit den Augen Worte übermitteln" (S. 14), auffällt.

Außergewöhnlicher Blick

Familienverhältnis

Agnes ist Einzelkind. Ihr Verhältnis zu ihren Eltern ist sehr kühl, insbesondere zu ihrem Vater hat sie ein wenig positives Verhältnis. Schon als Kind hat sie das Gefühl, dass sie nicht den Wünschen ihres Vaters entspricht. Er erträgt es viel weniger als sie selbst, wenn sie ausgelacht wird (vgl. S. 54). Er zwingt sie zu Tätigkeiten und Erfahrungen (Lager mit den Pfadfindern), die sie eher belasten. Ein Nachbarsmädchen behandelt er hingegen ihrer Meinung nach „als sei sie seine Tochter" (S. 33). Und als diese stirbt, ist Agnes geradezu erleichtert, während ihr Vater „am schlimmsten" (S. 33) trauert. Agnes ist davon überzeugt, dass er um sie möglicherweise gar nicht geweint hätte, wenn sie gestorben wäre. An ihrer Mutter beanstandet sie, dass sie den Vater immer entschuldigt habe. Darüber hinaus findet die Mutter kaum Erwähnung. Seit ihre Eltern als Pensionäre nach Florida gezogen sind, fühlt sie sich von ihnen verlassen. Der einzige Besuch zu ihrer Diplomfeier endet mit Streit, Tränen und wütenden Gegenreaktionen. Bezeichnenderweise zeigt deshalb das Foto, das der Vater von Agnes während der Diplomfeier macht, diese „abweisend und verschlossen" (S. 38). Der Kontakt beschränkt sich auf „seltene Telefongespräche" (S. 134). Deshalb wissen die Eltern auch „kaum etwas" (S. 134) von Agnes und sie erzählt ihnen nichts von sich. Die Begründung dafür („Ich glaube nicht, dass es sie interessiert. Sie würden sich nur Sorgen machen." S. 134) wirkt etwas floskelhaft. Agnes gibt sich unabhängig und erwachsen („Jetzt brauche ich sie nicht mehr und sie brauchen mich noch nicht. Sie werden schon kommen …", S. 135).

Physikerin an der Chicagoer Universität

Als diplomierte Physikerin arbeitet sie an ihrer Dissertation über die Symmetrien der Symmetriegruppen von Kristallgittern. Neben der Dissertation hat sie eine Teilzeitstelle an dem mathematischen Institut der Chicago University. Sie liebt ihre Arbeit und spricht voller Begeisterung über das Thema, wie sie überhaupt lieber über Ideen und generelle Themen als über ihr Privatleben spricht. Neben der Arbeit hat sie wenig Hobbys. Sie spielt einmal in der Woche in einem Streichquartett Cello, liebt neben der Musik Malerei und Gedichte. Dies ist u. a. erkennbar an aufgehängten Kunstplakaten und Museumsbesuchen. Die Vorliebe für Gedichte äußert sich in der wiederholten Lektüre von Gedichten aus der *Norton Anthology of Poetry.* Bei dem ersten Besuch des Ich-Erzählers in der Wohnung Agnes' fällt diesem auf, wie wenig Bücher sie besitzt (einige Fachbücher, Computer-Handbuch und *NAoP*). Erst in einem späteren Gespräch wird deutlich, wie belesen Agnes ist, was Bücher für sie bedeutet haben und wie sehr sie früher in den Bücherwelten gelebt hat. Sie behauptet sogar, dass die Figuren der Texte ihre besten Freunde waren. Sie waren geradezu Ersatz für lebende Personen und auch jetzt noch bezeichnet Agnes sich als nicht sehr sozial (S. 20). Das Lesen habe sie aufgegeben, da die Bücher zu viel „Gewalt" (S. 120) über sie gehabt hätten.

Agnes liebt Musik und Malerei und ist belesen

Wenn der Erzähler sie beim Lesen beobachtet, kann er erkennen, wie emotional beteiligt sie immer noch mit Texten umgeht

(„Wenn sie las, war sie so sehr in den Text versunken, dass sie nicht antwortete, wenn ich sie ansprach. Dann flackerten Andeutungen von Gefühlen, Echos des Gelesenen über ihr Gesicht." S. 62).

Agnes liebt den Erzähler trotz der großen Unterschiede zwischen ihnen

Agnes' Bekanntenkreis ist nicht sehr groß und findet – abgesehen von Herbert, auf den der Erzähler eifersüchtig zu sein scheint – kaum Erwähnung. Sie liebt den Erzähler, wie sie ausdrücklich betont, trotz der starken Asymmetrie zwischenden beiden (Alter, Herkunft, Interessen, Standpunkte, Temperament etc.). Agnes fühlt sich nicht nur von ihren Eltern, sondern auch von ihrem Geliebten unverstanden. Anfangs glaubt sie, dass er ein „Porträt" von ihr anfertigen könne, ein „Bild" (S. 48) auf dem man sieht, wie sie ist. Zumindest erhofft sie sich dadurch einen Einblick in seine Gefühle und Einstellungen ihr gegenüber. Im Laufe der Ereignisse muss sie allerdings feststellen, dass er sie genauso wenig kennt wie alle anderen. Schließlich äußert Agnes ihm gegenüber, dass er überhaupt nichts von ihr wisse (vgl. S. 127). Stimme und Verhalten drücken für ihn in diesem Zusammenhang aber keine Bitterkeit über diesen Tatbestand aus. Agnes beschwert sich allerdings in einem anderen Zusammenhang (Kapitel 19) darüber, dass er die Kommunikation mit ihr verweigert.

Agnes ist undurchschaubar und entspricht keinem Stereotyp

Dieser Tatbestand ist in sofern von Bedeutung, als der Leser, wie oben erwähnt, alles über Agnes durch den Erzähler erfährt. So drängt sich der Gedanke auf, dass dessen Unverständnis zu dem widersprüchlichen Bild von Agnes führt. Gleichzeitig ist sie in ihrer Andersartigkeit und Undurchschaubarkeit faszinierend. Der Leser gewinnt durch den Erzähler einen Eindruck, als sei sie ein Wesen von einer anderen Welt. Sie ist einerseits seltsam körper- und schwerelos, entspricht überhaupt nicht (schon erkennbar an der Namensgebung) dem Stereotyp eines modernen amerikanischen Mädchens. In bestimmten Situationen erweist sie sich aber durchaus als sehr praktisch und lebensklug.

Kühl, überlegt vs. eifrig, emotional, verletzbar

So kühl und überlegt sie einerseits ist, so eifrig, emotional und verletzbar ist sie auf der anderen Seite. Sie distanziert sich von Personen, verriegelt ihre Badezimmertür sogar, wenn sie allein ist, tut dies aber nicht aus Scham, denn sie ist in sexuellen Dingen trotz mangelnder Erfahrung völlig unbefangen. Sie berührt nie fremde Menschen (S. 62). Andererseits möchte sie nicht „unnahbar sein" (S. 55), sie isst überhaupt nicht gern. Sie wird leicht rot, ärgert sich deutlich erkennbar in verschiedenen Zusammenhängen, verspürt Abneigung oder sogar Angst vor Fahrstühlen, geschlossenen Fenstern, dem anzüglichen Videoverkäufer. Ausdrücklich betont sie, dass sie Angst vor dem Tod hat, „weil dann alles zu Ende ist" (S. 24). Offenbar ist sie nicht gern allein (S. 45), gibt aber gleichzeitig ihre Unabhängigkeit nie auf (eigene Wohnung, obwohl sie bei dem Erzähler lebt).

Weitere Wesenszüge

Agnes ist eine kluge, selbstständige Frau. Sie hat eine eigene Meinung zu Ideen und vertritt diese (S. 24). Andererseits konnte sie sich gegenüber der Sogwirkung eines Textes und der Macht eines Schriftstellers über sie nur erwehren, indem sie die Lektüre verweigert hat.

Eine hervorstechende Eigenschaft von Agnes ist ihre Ordentlichkeit und Sauberkeit. Alles in ihrer Wohnung ist aufgeräumt und so sauber, dass diese geradezu unbenutzt aussieht. Auch in der Wohnung des Erzählers nimmt sie, weil es sich so gehört, den großen Hausputz vor Weihnachten vor.

Mit der gleichen Gründlichkeitversucht sie in wissenschaftlichen und allgemeinmenschlichen Bereichen Fragen auf den Grund zu gehen. Mit „ernstem Interesse" (S. 26) beobachtet und verfolgt sie Dingen und Problemstellungen. Nicht von ungefähr dringt sie mit ihrer Forschungsarbeit in die Peripherie der Erkenntnis vor und interessiert sich vor allem für das Unsichtbare („Das Geheimnisvolle ist die Leere in der Mitte, (...) das, was man nicht sieht, die Symmetrieachsen." S. 45). Das, was sie erkennt, wird in einen größeren, allgemeineren Zusammenhang gestellt („Es ist die Asymmetrie, die das Leben überhaupt erst möglich macht. (...) Asymmetrien haben immer einen Grund und eine Wirkung." S. 45). Auch die häufige Auseinandersetzung mit dem Tod ist als ein Teil der Beschäftigung mit dem Leben – der Kehrseite desselben – anzusehen.

Der Ich-Erzähler

Gibt wenig von sich preis

Obwohl der Roman im Ton einer Beichte beginnt, muss der Leser sehr schnell feststellen, dass der Erzähler nur punktuell etwas von sich preisgibt. So erfährt der Leser bis zum Schluss des Romans nicht einmal den Namen des Ich-Erzählers. Und er muss feststellen, dass er ihm gegenüber genauso wenig offen ist wie gegenüber Agnes. Er offenbart sich und seine wahren Interessen und Beweggründe nur eingeschränkt, sodass das Bild des Lesers von dem Ich-Erzähler ebenso „unscharf" (S. 11) ist wie das Bild, das Agnes von ihm festzuhalten versucht. Andererseits lässt sich gerade durch die Art des Beschreibens und der Auslassungen etc. auf bestimmte Eigenschaften des Erzählers schließen.

Leser erhält „unscharfes" Bild vom Erzähler

Um die vierzig, Schweizer, Schriftsteller

Der Leser erfährt vom Ich-Erzähler, dass er um die vierzig, also deutlich älter als Agnes, ist. Er kommt aus der Schweiz und ist Schriftsteller. Zur Zeit der erzählten Begebenheiten hält er sich in Chicago auf, um ein Buch über Luxuseisenbahnen zu schreiben.

Seine früheren schriftstellerischen Versuche im Bereich der Belletristik hat er zugunsten von Sachliteratur aufgegeben. In diesem Zusammenhang ist die Begründung interessant. Offenbar hat weniger die geringe öffentliche Resonanz auf seine Bücher, als das Gefühl der Unkontrollierbarkeit des Stoffes den Ausschlag gegeben. Nicht nur in diesem Zusammenhang ergibt sich der Eindruck, dass der Erzähler gern Herr der Lage, der Dinge und der

Gibt Unsicherheiten nicht gerne zu

Personen ist. Unsicherheiten gibt er nicht gerne zu, versucht sie auch im Vorfeld zu vermeiden. Ebenso versetzen ihn überraschende Ereignisse, Unfälle etc. in geradezu „panische Angst" (S. 73). Der siegesgewisse Ton, in dem er beim Schreiben der Geschichte „Agnes" verkündet, dass diese nun sein „Geschöpf" (S. 62) war, dessen Zukunft von ihm geplant wird, spricht Bände.

Lässt sich von Neugier leiten

Eine hervorstechende Eigenschaft des Erzählers ist dessen Neugier. Bei seiner Arbeit geht er nicht immer gradlinig vor, sondern lässt sich durchaus von seiner Neugier leiten. Dieselbe Neugier ist es wohl auch, die sein Interesse an Agnes weckt. Sie hat in Blick, Verhalten und Ansichten etwas, was er nicht versteht und zu enträtseln sucht (vgl. z. B.: „sie interessierte mich, beschäftigte mich", S. 14; S. 15). Auch den Vorschlag Agnes', ihre Geschichte zu schreiben, nimmt er erst einmal neugierig auf. Er möchte wissen, ob das „Experiment" (S. 50) gelingen kann.

Ebenso wie Agnes kein geselliger Mensch

Der Erzähler ist, wie Agnes, kein sehr geselliger Mensch. Obwohl er schon recht lange in Chicago ist, kennt er „kaum jemanden in der Stadt. Niemanden, um genau zu sein" (S. 14), wie er sich eingestehen muss. Enge Beziehungen, der Zustand des verliebt Seins scheinen für ihn geradezu bedrohlich (vgl. S. 14 f.) zu sein. Er hat einige gescheiterte Beziehungen hinter sich. Aber obwohl er sich augenblicklich mit dem Alleinsein abgefunden zu haben glaubt, fürchtet er dennoch die „Leere des Abends" (S. 14) und fühlt sich außerordentlich angezogenvon Agnes.

Fühlt sich von Agnes außerordentlich angezogen

Wenn der Erzähler am Schluss des ersten Kapitels feststellt, dass sich Agnes mit ihrer Angst „ausgerechnet" (S. 12) an ihn geklammert habe, wird hier ausnahmsweise ein Stück Einsicht erkennbar in seine Unfähigkeit, anderen Menschen eine Hilfe und Stütze zu sein. Nicht nur sein Zögern, Agnes zu besuchen, als es ihr nach der Fehlgeburt gesundheitlich und psychisch schlecht geht, gehört in diesen Zusammenhang. Die Scheu vor einer zu

Scheu vor enger Bindung

engen Bindung an einen anderen Menschen war von seinen früheren Freundinnen als Egoismus bezeichnet worden (vgl. S. 110 und S. 92). Immer wieder betont er, dass ihm seine Freiheit stets wichtiger war als sein Glück. Hinter dieser Formulierung, die auf den ersten Blick ein akzeptables Fordern von persönlichem Freiraum ist, verbirgt sich die Unfähigkeit des Erzählers, offen auf einen anderen Menschen zuzugehen und sich dem anderen zu öffnen. Freiheit heißt für ihn offenbar, sich eine feste Vorstellung von einem Menschen zu machen und den anderen zu zwingen, sich derselben anzupassen. Er gibt sich lieber mit dem Bild, das er sich von einem Menschen macht, ab, als sich dem real existierenden Menschen zu nähern (vgl. S. 48 f.).

Freiheit wichtiger als Glück

Wenn das Gegenüber sich diese Umgangsweise nicht gefallen lassen will, kommt es zur Trennung oder zur Katastrophe. Obwohl ihm eine der Freundinnen dies deutlich zu verstehen gibt, beharrt er auf seiner Sichtweise der Dinge: „Meine damalige Freundin trennte sich von mir, weil sie sich in einer der Geschichten wiedererkannt hatte" (S. 50, vgl. auch S. 92 f.). Erst nach skeptischen Nachfragen von Seiten Agnes' räumt er ein, dass dies die „Version" sei, auf die sie sich „geeinigt" hätten (S. 50). Allerdings erfährt der Leser im Zusammenhang mit den Protesten Agnes' auf seine Versionen der Geschichte „Agnes", dass ‚Einigung' in der Regel Durchsetzen seiner Variante bedeutet. Auch bei der Frage, wer wen verlassen hat, kann er sich mit Agnes nicht einigen, sondern macht konstant ihr den Vorwurf. Der Erzähler erweist sich also als uneinsichtig und wenig empfänglich für Kritik.

‚Einigung' = Durchsetzen der Variante des Erzählers

Ein anderer Aspekt des gleichen Charakterzuges ist die Eitelkeit des Erzählers. So kann er nicht ertragen, dass Agnes' Geschichte besser ist als alles, was er „in den letzten zehn Jahren geschrieben hatte" (S. 43). Agnes spürt seine Eifersucht, löscht ohne Diskussion ihren Text und regt ihn zu eigenen Tätigkeiten an.

Erzähler ist eitel und eifersüchtig

Als sie seine ersten Eröffnungen zu seinen schriftstellerischen Versuchen ignoriert zu haben scheint, versucht er es mit den Worten „Eigentlich war ich froh über ihr Desinteresse" (S. 20) abzutun. Allerdings klingt bei diesen Worten der mühsame Versuch der Selbstüberzeugung mit (vgl. auch S. 90: „Als müsse ich mich selbst überzeugen, sagte ich nur").

Genauso eifersüchtig reagiert er auf Herbert als einen möglichen Konkurrenten. Und dass Agnes mit Gleichgültigkeit reagiert, als er ihr von seiner Freundin Louise erzählt, kränkt ihn.

Erzähler will keine Eigenverantwortung übernehmen

Auffällig ist weiterhin, dass der Erzähler es fortwährend ablehnt, dieVerantwortung für eigenes Tun zu übernehmen. Gleichzeitig macht er anderen Menschen Vorwürfe, die teilweise völlig unsinnig sind, reagiert selbst aber enttäuscht und beleidigt, obwohl er sich um das Falsche seines Handelns zumindest im Nachhinein wohl bewusst ist. So macht er Agnes dafür verantwortlich, dass sie schwanger geworden ist. Dabei ist nicht nur die Ablehnung des Kindes und der Vaterschaft entscheidend. Er wirft ihr mangelnde Liebe vor, weil sie seiner Vorstellung nicht entsprochen habe. In vergleichbarer Weise hatte er einer früheren Freundin übel genommen („als sei sie schuld daran" S. 92), dass sie nicht schwanger war, weil er sich zu dem Zeitpunkt in die Vaterrolle hineingedacht hatte. Die neue „zärtliche Liebe" (S. 92), galt auch damals einer Frau, die nur in seinen „Gedanken existierte" (S. 93). Obwohl er es durch sein Verhalten provoziert, wirft er Agnes vor, dass sie ihn verlassen habe und er sich nicht mehr auf seine Arbeit konzentrieren könne.

Als er den schrecklichen Schluss für sie schreibt, tut er dies nach eigenen Angaben in einem traumhaften, wie betäubten Zustand. Er bestreitet jede eigene Verantwortung, indem er den Eindruck erweckt, er sei in einen Sog geraten und habe sich aus diesem nicht mehr befreien können. Gleich zu Anfang des Romans

(S. 9, 2. Satz des Romans) macht er „eine Geschichte" für Agnes' Tod verantwortlich. Dass er der Urheber dieser Geschichte ist, erwähnt er nicht in diesem Zusammenhang. Es wird dem Leser erst im Nachhinein klar. Auf Nachfrage des Verkäufers im Hause bezüglich des Verschwindens von Agnes erklärt er, dass sie „weggegangen" (S. 11) sei. Mit diesem beschönigenden Ausdruck wird ihre Aktivität hervorgehoben, sein Anteil an den Geschehnissen bleibt unerwähnt.

Keine Bereitschaft zur Kommunikation über sich

Dem Ich-Erzähler fällt es sehr schwer, mit anderen Menschen über sich und seine Gefühle und Motivationen zu reden. Gespräche mit Agnes werden häufig abgebrochen, ihre Fragen bleiben unbeantwortet oder werden mit einer Gegenfrage ignoriert. Dies ist insbesondere der Fall, wenn es um eine gemeinsame Zukunft geht. Ebenso schwer fällt es ihm, die Vorstellung von der Rolle, die er einem Menschen zugewiesen hat, aufzugeben. Auch Louise gegenüber ist er nicht offen. Konsequenzen seines Verhaltens für den anderen nimmt er kaum in den Blick. In Louise findet er in gewisser Weise eine Gegenfigur zu Agnes. Louise konterkariert „in ihrer Hemdsärmligkeit Agnes erfrischend"[19], sie ist selbstständig, realistisch, nüchtern, aber dennoch enttäuscht von Männern und nicht ohne Bitterkeit. Der Erzähler nutzt die Beziehung zu ihr in verschiedener Hinsicht, lässt auch zu, dass sie sich über Agnes lustig macht. Trotz seiner Bindung an Agnes gestattet er es, dass sich seine Beziehung zu Louise immer enger gestaltet, es zu Intimitäten kommt und Louise und ihre Eltern auf eine feste Beziehung hoffen. Dann aber stößt er sie weg („Ich muss gehen." S. 147) und lässt sie enttäuscht und bitter zurück. Obwohl er gespürt haben muss, dass Louise die Beziehung inzwischen wichtig ist, beruft er sich auf ihre früheren Worte („„Du hast ge-

Auch Louise gegenüber ist er nicht offen

19 Norbert Straub: *Rieselnde Wirklichkeiten*. In: Neue Zürcher Zeitung, Nr. 233, 08. 10. 1999

sagt, dass du mich nicht liebst. Dort im Archiv.' ,Dort habe ich es gesagt, aber heute Nacht habe ich es nicht gesagt.'" S. 148). Er selbst bezeichnet sich in diesem Kontext als „kein guter Mann". In der Tat scheint er nicht viel für die Pflege einer Beziehung zu tun. Beispielsweise schreibt er Agnes nur einmal eine „nichtssagende Karte" (S. 112), auf den Hilferuf reagiert er sehr zögernd. Er hält seine Versprechen nicht (S. 86) und greift sogar zur Lüge („Der Umzug war toll." S. 88). Auf der anderen Seite gibt es auch Momente, in denen er nachdenklich, liebevoll und fürsorglich ist.

Hält Versprechen nicht und lügt

3.5 Sachliche und sprachliche Erläuterungen

Im Roman tauchen in verschiedenen Zusammenhängen Verweise auf Texte, Schriftsteller, Bilder und Namen auf. Dazu gehören:

NAME	WERK	SEITE IM ROMAN
Agatha Christie	*Murder on the Orient Express (Murder with Mirrors)*	S. 97
Robert Frost	*Stopping in the Woods on a Snowy Evening*	S. 24
Ernest Hemingway	*A Farewell to Arms*	S. 100/102
Hermann Hesse	*Siddharta*	S. 119
William Shakespeare	*Sonett 18*	S. 48
Henry David Thoreau	–	S. 101
Dylan Thomas	*A Refusal to Mourn the Death of a Child, by Fire, in London*	S. 130
Paul Valéry	(Zitat)	S. 101
Ernst Ludwig Kirchner	*Gebirgslandschaft*	S. 39
Oskar Kokoschka	*Mörder, Hoffnung der Frauen*	S. 39
Georges Seurat	*Un Dimanche d'été à l'Île de la Grande Jatte*	S. 68
Georges Mortimer Pullman	–	S. 100
Frank Lloyd Wright	–	S. 100

Diese „Zitate" haben eine wichtige Funktion im Rahmen des intertextuellen Spiels des Lesers mit dem Roman. Unter der Voraussetzung, dass der vorliegende Roman als Konstrukt zu verstehen ist, dessen Konstruktionsmechanismen offen liegen, bieten sich dem

Leser über die „Zitate" eine Fülle von Verknüpfungsmöglichkeiten zwischen dem Roman und anderen Kunstprodukten. Diese können den Schaffensprozess, inhaltliche Elemente, kunstgeschichtliche Einbindung, Verhältnis zwischen ‚Realität' und ‚Bild', Funktion von Kunst u. a. betreffen. Mit dem postmodernen Aufgeben eines Absolutheitsanspruches kann der Leser hier frei als ‚lesender Co-Autor' seinen Text mitgestalten, indem er z. B. Verbindungen herstellt zwischen der Produktion eines fiktionalen Textes (wie in *Agnes*) und der Konstruktion von Bildern (wie bei Seurat). Durch die Vielfältigkeit der gedanklichen Verknüpfungen bekommt der Roman ein hohes Maß an Vielschichtigkeit, ist mehrfach codiert. Gleichzeitig wir dem Leser ein großer subjektiver Spielraum gegeben.[20]

Die folgenden Informationen können nur einen kleinen Anhaltspunkt bieten, wie Verknüpfungsansätze hergestellt werden können.

Zu den im Text angesprochenen Schriftstellern

Agatha Mary Clarissa Christie

AUSGEWÄHLTE INFORMATIONEN ZUR AUTORIN	BEZUG ZU *AGNES*
1891–1976, englische Erzählerin, Autorin von Kriminalromanen und Kurzgeschichten (insgesamt 79), Name der Tochter: Margaret, verschwand im Dezember 1926 für elf Tage unauffindbar nach Beziehungsproblemen mit ihrem Mann.	Name der Tocher, spurloses Verschwinden
Christie veröffentlichte unter dem Pseudonym Mary Westmacott sechs Liebesromane, eine Autobiografie und Reisebücher.	Roman, Biografie

---

20 Ein hilfreicher Sammelband von Texten zur Postmoderne im Zusammenhang mit Malerei, Architektur, Literatur, Musik und Philosophie ist: Peter Söllinger: *Tradition. Zitat. Pluralität*. Leipzig: Ernst Klett Verlag, 2003

AUSGEWÄHLTE INFORMATIONEN ZUR AUTORIN	BEZUG ZU *AGNES*
Viele der Kriminalromane wurden verfilmt.	Medien, Film
1926 erscheint ihr **Meisterwerk *The Murder of Roger Ackroyd*** (dt. *Alibi*), in dem sie den **Leser bewusst in die Irre führt**. In dem Text stellt sich für den Leser völlig überraschend am Schluss heraus, dass der am wenigsten Verdächtige, der zudem noch als rechte Hand des Detektivs agiert, der Täter ist. A. Christie **macht den Täter zum Ich-Erzähler**, so dass der **Leser nur auf dessen Informationen angewiesen** ist. Verschiedene Stellen des Berichts des Erzählers sind so zweideutig formuliert, dass der Leser erst ganz am Ende des Zusammensetzens aller Puzzleteile feststellt, dass er zu Unrecht den Erzähler als Täter nicht in Betracht gezogen hat. Dieser Roman gilt in seiner **raffinierten Konstruktion** als derjenige, der **beim zweiten Lesen des Textes mehr intellektuelles Vergnügen** bereitet als beim ersten Mal.	Irreführung des Lesers Ich-Erzähler ist Täter Konstruktion des Romans
Murder on the Orient Express (dt. *Mord im Orientexpress*) erscheint 1934 mit Hercule Poirot als Detektiv. ***Murder with Mirrors*** (dt. Fata Morgana) 1952 mit Miss Marple als Detektivin.	Tod, Mord

Robert Frost

AUSGEWÄHLTE INFORMATIONEN ZUM AUTOR	BEZUG ZU *AGNES*
1874–1963, amerikanischer Lyriker	Amerika
„Entscheidend waren für ihn immer die Fragen nach der Genese von Dichtung und der Funktion poetischer Kreativität angesichts eines die menschliche Existenz bestimmenden fundamentalen **Gegensatzes zwischen dem Chaos der Natur und der humanen Fähigkeit der Formgebung**. Frost hat dabei immer das Intuitive und Organische des Schaffensprozesses hervorgehoben. (…) **Dichterische Formgebung ist dabei ein alle Textebenen betreffender Prozess gestaltenden Erkennens, Sich-Klar-Werdens**; und er sollte – so sagt Frost in Analogie zum sportlichen Wettstreit – **mit einem Sieg enden**."[21]	Schöpferisches ungebändigte Natur vs. dichterische Gestaltung, Form Beherrschen des Stoffs
Der Frost'schen Lebensphilosophie liegen drei Einsichten zugrunde: „die in die **Bedeutung menschlicher Unabhängigkeit und Selbstbestimmung** (Frost hat Defoes *Robinson Crusoe* und Thoreaus *Walden* als seine Lieblingsbücher bezeichnet), die konträre Feststellung einer immer wieder zu konstatierenden **Abhängigkeit eines Menschen vom anderen** und schließlich der aus einem solchen Paradox resultierende **Skeptizismus**".[22]	Individuum, Abhängigkeit von anderen Personen
Typisch für seine Texte sind die **Konkretheit der Erfahrungssituation** (z. B. winterliche Heimfahrt durch den verschneiten Wald), **unmerkliches Überlagern durch Symbolisches** (z. B. Schnee und Wald) bei **gleichzeitiger Offenheit der Symbole** (es lässt sich nicht ganz genau festlegen, wofür die Symbole stehen).	Symbole (Wald, Schnee, Tod, Ruhe, Sehnsucht danach)

---

21 ebd. (Kindlers Neues Literaturlexikon), Bd. 5, S. 880
22 ebd., S. 881

AUSGEWÄHLTE INFORMATIONEN ZUM AUTOR	BEZUG ZU *AGNES*
Das Gedicht *Stopping by Woods on a Snowy Evening* erscheint in dem Gedichtband *New Hampshire* (1926)	sehr hoher Bekanntheitsgrad des Gedichtes: Spiel mit dem Wissen des Lesers

Ernest Hemingway

AUSGEWÄHLTE INFORMATIONEN ZUM AUTOR	BEZUG ZU *AGNES*
1899–1961, amerikanischer Schriftsteller	Amerika
Der Roman ***A Farewell to Arms*** (dt. *In einem anderen Land*) erscheint 1926.	
Inhalt des Romans: Die Kriegserlebnisse eines jungen amerikanischen Leutnants sind eng mit der **Geschichte seiner Liebe** zu einer Krankenschwester verknüpft. Sie wird **schwanger** von ihm, bringt den **Sohn aber tot** zur Welt und **stirbt selbst** im Kindbett.	Liebe, Schwangerschaft, Tod des Kindes
Stil des Romans: kurze, bündige Sätze in kommentarloser Abfolge; lakonische Dialoge, „ein **seltenes Maß an Bewusstheit, Gleichgewicht von Aktion und Dialog** bis zu dem Punkt, wo die beiden absolut abhängig voneinander werden."[23]	Stil
Verfilmungen des Romans: USA 1932, Regie F. Borzage und 1958, Regie C. Vidor.	Film, Medien, Video

23 ebd. Bd. 7, S. 653

Hermann Hesse

AUSGEWÄHLTE INFORMATIONEN ZUM AUTOR	BEZUG ZU *AGNES*
1877–1962, deutscher Schriftsteller	
Vor allem berühmt durch seine Roman und Erzählungen, in den sechziger Jahren sind seine Romane *Der Steppenwolf* (1927) und *Siddhartha* (1922) **Kultbücher der Jugend**.	Identifikation mit literarischen Figuren
Siddhartha ist ein psychologisch-religiöser **Entwicklungsroman** und das Ergebnis einer langen Auseinandersetzung mit der Philosophie und Religion Indiens; er bezieht zudem Aspekte der Analyse bei C. G. Jung ein, der sich Hesse damals unterzog. Der Roman gehört zu den **meistgelesenen Texten des 20. Jahrhunderts**.	Entwicklungsroman hoher Bekanntheitsgrad des Textes

William Shakespeare

AUSGEWÄHLTE INFORMATIONEN ZUM AUTOR	BEZUG ZU *AGNES*
1564–1616, weltberühmter englischer Schriftsteller (Dramen und Lyrik)	
Schreibt zur Zeit Königin Elisabeth I. eine Vielzahl von Komödien, Romanzen, Tragödien und Historiendramen, die meist in dem eigens für ihn errichteten festen Theater, dem *Globe* in London, aufgeführt werden.	Schreiben aus Anlass eines Auftrags
Er hinterlässt 154 Sonette, geschrieben meist nach dem englischen Sonettschema (Surrey und Wyatt) mit drei Kreuzreimquartetten und einem abschließenden Reimpaar, das sentenzhaft den Hauptgedanken des Gedichtes abschließend zuspitzt (abab cdcd efef gg).	
Die Sonette stehen untereinander in Beziehung, wobei die ersten 126 Sonette sich an einen blonden jungen Mann richten, die folgenden an eine dunkelhaarige Frau (Dark Lady) zum Gegenstand haben. Das Verhältnis Freund–Dame–Dichter wird aufgezeigt.	Beziehung Autor – Person/Gegenstand des Textes

AUSGEWÄHLTE INFORMATIONEN ZUM AUTOR	BEZUG ZU *AGNES*
Das sehr bekannte Sonett 18 enthält den ersten Höhepunkt der Begeisterung für den jungen Mann. **Der Dichter setzt im Kampf gegen Zeit und Vergänglichkeit seine Kunst ein.**[24]	Unsterblichkeit durch Literatur, Spiel mit dem Wissen des Lesers

Henry David Thoreau

AUSGEWÄHLTE INFORMATIONEN ZUM AUTOR	BEZUG ZU *AGNES*
1817–1862, amerikanischer Schriftsteller, Philosoph	Amerika
Studium in Harvard, engster Freund von R. W. Emmerson, dessen idealistischen Individualismus (Transzendentalismus) er in die Tat umsetzt.	Individualismus
Er lebt 1845–47 in einem selbstgezimmerten Blockhaus am Waldensee bei Loncord und berichtet darüber in seinem **Tagebuch *Walden, or life in the woods***.	Leben im Wald
Seine Essays verbinden exakte Naturbeobachtung mit mystischen Meditationen (über naturhaft schöpferischen Geist und Wiedergeburt).[25]	Verschmelzung Realität – Idee / Natur – Meditation

---

24 vgl. Schabert, Ina: *Shakespeare-Handbuch*. Stuttgart: Kröner Verlag, 1978, S. 661, 668
25 aus der *Brockhaus Enzyklopädie*, Bd. 18. Wiesbaden, 1973, S. 656

Dylan Thomas

AUSGEWÄHLTE INFORMATIONEN ZUM AUTOR	BEZUG ZU *AGNES*
1914–1953, britischer Schriftsteller, Lyriker, Journalist, Verfasser von Hörspielen und Filmdrehbüchern	vielfältige schriftstellerische Tätigkeit
Sein Gedicht ***A Refusal to Mourn the Death by Fire of a Child in London*** gehört zu seinen bekanntesten Gedichten und erscheint 1946 in dem Gedichtband *Death and Entrances*. Erkennbar wird in ihnen ein **strenger Formwille** und meisterhafter Umgang mit Sprache (komplizierte Reimschemata und sehr verschiedene Ausdrucksformen).	Tod eines Kindes, Trauer darüber, Verweigerung der Akzeptanz von Tod, gezielt eingesetzte Sprache
Themen seiner Texte: Zeugung, Geburt, Tod, zwischenmenschliche Beziehungen (im o. g. Gedicht wird Tod als Wiedereingang in die kosmische Einheit eines unzerstörbaren Seins empfunden).	Themen: Geburt, Tod, Beziehungen

Paul Valéry

AUSGEWÄHLTE INFORMATIONEN ZUM AUTOR	BEZUG ZU *AGNES*
1871–1945, französischer Dichter	
Er entwickelte in spielerischer und ironischer Verbrämung die **Theorie des reinen, d. h. vom Lebensstoff wie von Gefühlen gelösten Geistes**.	
Valéry gilt als der reifste französische Vertreter der von Mallarmé geschaffenen intellektuellen Lyrik, in der das Gedicht Gestaltwerdung geistiger Akte wird, das bedeutet, dass sie nur geistige Realität haben.	Umgang mit Realität, Funktion von literarischen Texten

Zu den im Text angesprochenen Künstlern

Ernst Ludwig Kirchner

AUSGEWÄHLTE INFORMATIONEN ZUM AUTOR	BEZUG ZU *AGNES*
6. 5. 1880 in Aschaffenburg – 15. 6. 1938 (Selbstmord) in Frauenkirch bei Davos, deutscher Maler, Grafiker, Bildhauer, Mitbegründer der Künstlergemeinschaft *Die Brücke*, einer der Hauptvertreter des Expressionismus	Tod, Selbstmord
Er entdeckt die Kunst der Naturvölker (einfache Formen, betonte Konturen).	Stil, Einfachheit
Kirchner malt 1921 **Akte in freier Natur**, z. B. *Tänzerin (Nina Hard); Akte im Wald, blau;* ***Nackte Frau im Walde*** und nimmt so ein wichtiges Thema der *Brücke* aus den Jahren 1909–11 wieder auf. Dabei steht die **Reflexion seiner Komposition im Vordergrund**.	Wanderungen, Szenen im Wald (vgl. *Agnes*, S. 73) Reflexion und Beschreibung des Entstehungsprozesses und des Resultats einer Komposition, Gefühl und Intuition (vgl. Roman: „Ich schrieb, fast ohne nachzudenken, geriet aber nicht in den zugleich betäubten wie konzentrierten Zustand, in dem ich noch gestern gearbeitet hatte."(*Agnes*, S. 136)
Seine frühen Landschaften (1907–11) verarbeiten neoimpressionistische Techniken (**Seurat**), später Flächigkeit, fauvistische Farbintensität mit einer starken Vorliebe für kontrastreiche Blau-Grün- und Orange-Rot-Töne.	Farben (vgl. *Agnes*, S. 151)

AUSGEWÄHLTE INFORMATIONEN ZUM AUTOR	BEZUG ZU *AGNES*
Am 20. Februar 1921 schreibt Kirchner über das Gemälde *Der blaue Baum; Bergwald* (1920–22): „Ich arbeite so intensiv an den Bildern, dass ich sie im Schlaf zeichnen könnte (...) Da kommen die neuen Formen ganz von selbst und doch bewusst und klären sich, bis sie wirklich eindeutig bestimmt als Hieroglyphen im Bild stehen. Der Stamm des Baumes z. B. ist jetzt unten dünn und oben breit. Ich erreichte dadurch das Schirmende des Baumes auszudrücken ohne alle weiteren Mittel."[26]	Umgang mit Realität und Vorlage, Loslösung des schöpferischen Produktes von der Vorlage Motive: Schnee, Wald, Natur, Ruhe
Zu dem Landschaftsgemälde *Die Amselfluh* (1923) schreibt Kirchner: „,Ich male jetzt mit dem Streben nach größerer Einfachheit. Die Zeit des reinen Aufnehmens der Natur hier ist erfüllt, nun möchte ich das Resultat ziehen und frei aus den erworbenen Formen und Farben schaffen.' Das Ölbild drückt Kirchners Gefühl von der Rhythmik der Berge aus. **Ihre realen Formen geben nur noch den Anstoß zur Bildidee,** die im Wesentlichen subjektiv bestimmt ist. Alle Formen scheinen großzügig vereinfacht und dem Gefühl des Künstlers vor dem Motiv angepasst."[27]	zunehmende Diskrepanz zwischen Geschichte und erlebter Realität
Das Gemälde *Die Berge (Weißfluh und Schafgrind)*,1921, zeugt von Kirchners Ergriffenheit von den Alpen. Er schreibt in einem Brief von der „unendlichen Ruhe", die dort herrsche.[28]	Thema: Ruhe, Stille

---

26 Ausstellungskatalog zu Ernst Ludwig Kirchner, 1979, 1980. Nationalgalerie Berlin, Staatliche Museen, Preußischer Kulturbesitz. Verantwortlich für Werke und Texte: Dr. Wolfgang und Ingeborg Henze, Prestel Verlag, München, S. 263

27 ebd., S. 277

28 ebd., S. 265

Oskar Kokoschka, „Die Windsbraut“ © akg-images

Oskar Kokoschka

AUSGEWÄHLTE INFORMATIONEN ZUM AUTOR	BEZUG ZU *AGNES*
1. 3. 1886 in Pöchlarn an der Donau – 22. 2. 1080 in Montreux, bedeutender österreichischer Maler, Grafiker, Illustrator und Schriftsteller, arbeitete vorwiegend mit den Stilmitteln des Expressionismus	vielfältiges künstlerisches Schaffen
Er begegnete u. a. Künstlern wie Emil Nolde, Max Pechstein, Ernst Ludwig **Kirchner**, Erich Heckel, Karl Schmidt-Rottluff, Künstlergemeinschaft *Die Brücke* und *Der Blaue Reiter*.	
Kokoschka veröffentlichte erstmals in der expressionistisch, literarisch-künstlerischen Zeitschrift *Der Sturm* sein erstes **Theaterstück *Mörder, Hoffnung der Frauen*** (1910), Illustration dazu schon 1908.	Titel des Dramas (als Idee für das Ende der Geschichte „Agnes“)

AUSGEWÄHLTE INFORMATIONEN ZUM AUTOR	BEZUG ZU *AGNES*
Sein **Werk vereint verschiedene Strömungen der Literatur und der Kunst**. Meisterwerke sind u. a. seine Porträts, die sich durch „fast medial-mystische, eindringliche Charakterisierungsversuche des Seelischen und der Psyche einer Person auszeichnen."[29] **Von seinen Porträts wird gesagt, dass sie „wie gemalte Halluzinationen aussehen. Die Modelle wollten sich auf diesen Bildern oft nicht wiedererkennen."**[30]	Intertextualität, Verknüpfung Literatur und Kunst Porträt als Charakterisierung einer Person, Idee der fehlenden Übereinstimmung mit der Selbstwahrnehmung der Modelle (vgl. *Agnes* S. 54, 56)
Dekorative Frühwerke im Jugendstil; dann Stillleben; Porträts; Illustrationen; ab etwa 1916 dramatische expressionistische Lithografien, in denen Blau zur dominanten Farbe wird, Wirkliches und Irreales sich mischen; Städtebilder und Landschaften; Allegorien; politische Satiren; Aquarelle; Baum- und Blumenstudien; Theaterdekorationen und Bühnenbilder.	Porträts Vermischung von Wirklichkeit und Irrealem
Hauptthema ist der Mensch, **Beziehung zum anderen Geschlecht**.	Thema: Beziehungen

---

29 Stadler, Wolf (Hrsg.): *Lexikon der Kunst*. Freiburg, Basel, Wien: Herder, 1989, Bd. 7, S. 53 ff.
30 Aus: Ruhrberg, Karl: *Die Malerei unseres Jahrhunderts*. Düsseldorf, Wien, New York: Econ Verlag, 1987, S. 107

AUSGEWÄHLTE INFORMATIONEN ZUM AUTOR	BEZUG ZU *AGNES*
Kokoschka gilt als der konsequenteste Expressionist, wählt „die Erforschung des Lebens durch die Kunst der Vision."[31]	Visionäres
Zu den Werken *Die Windsbraut* (1914) und *Die Elbe bei Dresden* (1919) heißt es:	Bildersprache
„Diese Werke zeigen bereits einen deutlichen **Hang zum Visionären**, den Versuch, einer aus dem Unterbewusstsein andrängenden Bildwelt durch eine neue Bildersprache Herr zu werden. (...) Die Bilder spiegeln das Ego eines Malers als Stellungnahme zu den aktuellen Zeitphänomenen, (...) die Demonstration seelischer Zuständlichkeit in der traditionellen Thematik von Stillleben und Porträt. Die Frau aus *Die Windsbraut* trägt –‚porträtähnlich' – die Züge Alma Mahlers. (...) Liebe und Tod erscheinen hier wie in der Romantik als Geschwister; doch nicht ‚Tod und Verklärung', sondern Grauen und **Verlorenheit** sind der Hintergrund des Bildes."[32]	Geliebte des Kunstschaffenden als Modell

---

31 Thomas, Karin: *Bis Heute – Stilgeschichte der bildenden Kunst im 20. Jahrhundert*. Köln: DuMont, 1981, S. 57

32 Aus: Ruhrberg, Karl: *Die Malerei unseres Jahrhunderts*. Düsseldorf, Wien, New York: Econ Verlag, 1987, S. 108 f.

Georges Seurat

AUSGEWÄHLTE INFORMATIONEN ZUM AUTOR	BEZUG ZU *AGNES*
1859 (Paris)–1891 (Paris); Begründer des Neoimpressionismus, Pointilismus (Chromo-Luminarismus); schuf durch Überwindung des Illusionismus Voraussetzung für Kubismus	
Er gilt als äußerst **methodischer Geist**, der von Anfang an auf das Logische, **Konstruktive** gerichtet ist; durch Poussin als Lehrmeister konstruiert Seurat Bilder, die auf exakteste, klare und konsequente Weise durch Hell-Dunkel-Kontraste und geometrische Linien Räumlichkeit erzeugt und die Fläche verspannt.	bewusste Konstruktion, gezieltes Planen der Wirkung eines Kunstproduktes
Durch das Studium der modernen Farbenlehren, physikalischer Gesetzmäßigkeiten (u. a. das Gesetz der Simultankontraste) und Wahrnehmungsphänomene löste er das Problem, Farben und vor allem Mischfarben auf den Bildern genauso leuchtend zu erzeugen wie in der Natur: „Er nahm die Farbmischung nicht auf der Palette vor, sondern ließ sie sich im Auge des Betrachters vollziehen. Er zerlegte einen Farbwert in seine prismatischen Farben, trug in kleinen Punkten ausschließlich die aus dieser Zerlegung gewonnenen reinen Farben auf und nutzte den bei einem gewissen Abstand in der Netzhaut des Betrachters sich vollziehenden Mischungsprozess dieser Farben aus. So erzielte er keine Pigmentmischung, die leicht ins Schmutzige gerät, sondern die optische Mischung. Farbwert und Lichtwert kamen im Auge des Betrachters zur Deckung."[33]	gezieltes Vorgehen bei der Abbildung von Wirklichkeit wissenschaftlich fundierte, gezielte Einbeziehung des Rezipienten (Betrachter/Leser)

---

33 Haftmann, Werner: *Malerei im 20. Jahrhundert*. München: Prestel Verlag, 1979, S. 22

Aus den Elementarkontrasten des Tons (Hell-Dunkel), der Farben (Komplementärfarben), der Linie (Vertikale und Horizontale, rechter Winkel) ergibt sich nicht nur ein Formgefüge, sondern auch ein **Ausdrucksgefüge**: → ‚Heiterkeit' = Dominante des Lichtes, der warmen Farben, die über die Horizontale steigende Linie; → **‚Ruhe'** = Gleichgewicht der Hell-Dunkel, der warmen und kalten Farben, die Horizontale; → ‚Trauer' = Dominante des Dunklen, der kalten Farben, die sinkende Linie.	Methoden zur Erzeugung einer beabsichtigten Wirkung Suche nach Bild von Glück
Ein Bild ist für Seurat ein Ordnungsgefüge aus „Rhythmus, Gleichmaß und Kontrast, und Kunst (...) ein überlegeneres Schaffen als die Kopie der Natur, die der Zufall bietet' (Signac). (...) Das ganze Bild gerät als Form- und Ausdrucksgefüge unter die Regel der Harmonie. (...) Einmal in dieses Spiel logischer Gesetzmäßigkeiten geraten, in diese feine Lockung der bildnerischen Verhältnisse, ***wächst das Bild wie von selbst in seine Gestalt***, der Maler greift nur ein, ordnend, helfend, klärend."[34]	Konstruktionsmechanismen Gesetzmäßigkeiten beim Schaffen eines künstlerischen Produktes
Der Maler wird zum **Schöpfer eines autonomen Bildes, eines Kunstproduktes**, das beständiger ist als ein flüchtiger Naturzustand.	Kunstprodukt ‚überlebt' die Vorlage, bleibt erhalten (vgl. Sonettzeile S. 48)
Seurat ist Ateliermaler, das heißt, dass er selten vor der Natur (Freilichtskizzen) malte, meist im Atelier. Er brauchte für die Fertigstellung eines Gemäldes durch das mühsame Punkt-an-Punkt-Setzen (Pointilismus) ungefähr ein Jahr.	Ort der Produktion, Zeitraum; Identifikation der Lebenden mit den Figuren
Ein Sommertag auf der Insel La Grande Jatte stammt von 1884/86 (205,7 x 305,8 cm); hängt in *The Art Institute of Chicago*, Sammlung Helen Birch Bartlett.	Chicago

---

34 ebd. S. 23

Zu weiteren Personen

Georges Mortimer Pullman

→ 1831–1897, amerikanischer Industrieller
→ erbaut 1864 den ersten wohnlich ausgestatteten Schlafwagen, 1865 den ersten Durchgangswagen mit reicher Innenausstattung
→ Gründer der Pullman-Palace-Car-Company in Chicago (später bedeutende Waggonfabrik)
→ 1880 Erbauer der Chicagoer Vorstadt Pullman als Arbeitersiedlung für seine Pullman-Werke

Frank Lloyd Wright

→ 1896–1959, amerikanischer Architekt, arbeitete u. a. in Chicago
→ Ausgehend vom „Grundsatz, man müsse von innen nach außen bauen, fordert Wright eine organische Architektur, die aus Zweck, landschaftlicher Gegebenheit, Material und Konstruktion stets neu und individuell geformte Bauten hervorbringt, deren ineinander übergehende Räume wie Glieder eines Organismus integriert werden".[35]

Zum Namen und zur Person Agnes

Bildung des Namens

→ vermutlich von griechisch *hagnos* = heilig, keusch gebildet
→ lateinisch *agnus* – Lamm; agnus dei = Lamm Gottes

Die Person Agnes

→ römische Märtyrerin, gestorben 258/9 oder 304 n. Chr.
→ Heiligentag: 21. Januar
→ Attribute: Lamm, Scheiterhaufen, Schwert, Palmzweig und Buch

---

35 aus der Brockhaus Enzyklopädie, Bd. 20. Wiesbaden, 1974, S. 494

→ Legende:
„Bereits Ambrosius rühmt ihre Schönheit und Glaubenssicherheit, mit der sie als Dreizehnjährige die Werbungen eines Stadtpräfektensohnes aus Rom ablehnt. Dabei wird sie als Christin erkannt und vor Gericht gebracht. Zur Strafe soll sie nackt ins Freudenhaus gebracht werden. Aber ihre langen Locken umhüllen sie wie ein Mantel. Ein Engel bringt ihr ein Lichtgewand. Der Präfektensohn, der sie berühren will, fällt tot um. Ihr Gebet ruft ihn ins Leben zurück. Deshalb wird sie der Zauberei angeklagt. Das Feuer, das sie töten soll, weicht vor ihr zurück. Daraufhin wird sie mit dem Schwert getötet. In der achten Nacht der Totenwache erscheint ein Reigen schöner Jungfrauen, in der Mitte Agnes im goldenen Kleid, den Verlobungsring von Christus am Finger und ein weißes Lamm zu ihrer Rechten.“[36]

→ Vgl. dazu im Roman *Agnes*: „und es (…) schien, als liege sie glühend im Schnee, als müsse der Schnee unter ihr schmelzen“ (S. 152).

---

36 Aus: *Die Legenda aurea des Jacobus de Voragine*. Zitiert nach *Reclams Lexikon der Heiligen*, S. 31 f. / Kirschbaum, v. E. (Hrsg.): *Lexikon der christlichen Ikonographie*. Freiburg i. Br. 1968, Bd. 5, Sp. 58–63

3.6 Stil und Sprache

ZUSAMMEN-FASSUNG

Stil

→ Syntax: vorwiegend Parataxen, einfache oder fehlende Textverknüpfung durch Konjunktionen, kaum syntaktisch komplexe Gefüge
→ Aneinanderreihung von kleinen Episoden, die auf das Wichtigste reduziert sind.

Sprachgestaltung

→ einfache, schmucklose Sprache, Reduktion der Dialoge auf den Kern
→ Ökonomie der sprachlichen Gestaltung
→ suggestive Bilder und dichtes Leitmotivgeflecht
→ intertextuelle Verweise, Doppelkodierung

Extrem kurze Hauptsätze

Peter Stamm erzählt in knappen, zum Teil extrem kurzen Hauptsätzen. (Interessant ist in diesem Zusammenhang die Bemerkung, die Agnes über die früheren – als misslungen empfundenen – Texte des Erzählers macht. Früher verwendete er wohl lange Sätze. Bei seiner Geschichte verwendet er aber den gleichen Stil wie der Autor des Romans.) Die Textverknüpfung erfolgt meist ohne oder mit einfachen Konjunktionen, es gibt kaum syntaktisch komplexe Gefüge. Kleine Situationen werden aneinandergereiht, immer auf das Wichtigste reduziert, teilweise scheinbar unvermittelt abgebrochen. Die Sprache ist einfach, kühl und schmucklos; sie wirkt auf den ersten Blick genauso alltäglich und leicht verständlich wie die dargestellten Situationen. Schnell stellt man jedoch fest, dass

Sprachökonomie

hier mit unglaublicher Ökonomie erzählt wird. Jede epische Breite, das erzählende Ausholen, das man bei vielen Romanen der Bestsellerlisten findet, wird vermieden. Die kurzen Dialoge sind auf das Wesentliche gekürzte Gespräche, die so in der Realität nie vorkommen würden, sondern gezielt gesetzt wurden. Hier ist sicherlich die Hörspiel- und Theatererfahrung des Autors Peter Stamm spürbar. Die schlichte Wortwahl erzeugt dennoch immer das Gefühl im Leser, dass mehr hinter den Wörtern und Aussagen steht, auf verschiedenen Ebenen erzählt wird und dass das unter der Oberfläche Liegende verstanden werden muss. Stamm entwickelt äußerst suggestive Bilder für die Kälte und die Beziehungslosigkeit zwischen seinen Figuren. Das dichte Leitmotivgeflecht verknüpft alle Teile zu einer außerordentlich komplexen Einheit.

Dialoge sind auf das Wesentliche reduziert

Suggestive Bilder

Dichtes Leitmotivgeflecht

Auch auf anderen Ebenen (vgl. z. B. Intertextualität) sind vielfältige und ausgeklügelte Verweise aufeinander zu finden. Es entsteht eine packende und emotional bewegende Atmosphäre. Gleichzeitig ist die Beherrschung stilistischer Mittel (z. B. Gebrauch der Zeiten, der Modi, Vergleiche und Metaphern etc.) deutlich erkennbar und die Reflexion des Romans auf einer abstrakteren Ebene (Schwerpunkt Erzählen des Erzählens, Diskussion um Authentizität, Fiktion und Realität etc.) von vornherein angelegt.

Verweise

Das erste und das letzte Kapitel des Romans enthalten schwerpunktmäßig das Ende von Agnes, das zweitletzte Kapitel führt den zweiten Satz des Romans anschaulich aus, erzählt also, in welcher Weise Agnes durch die „Geschichte" getötet wurde. Die „Geschichte" selbst ist als dem Leser vorliegende Lektüre und für den erinnernden Ich-Erzähler existent. Da das erste und das letzte Kapitel in der Gegenwart des erzählenden Ichs angesiedelt sind, fühlt der Leser sich wie in einer Zirkelbewegung verführt, nach Beendigung des Romans gleich wieder vorn anzufangen. Damit wird die „Geschichte" wieder und wieder lebendig.

Leitmotive des Romans

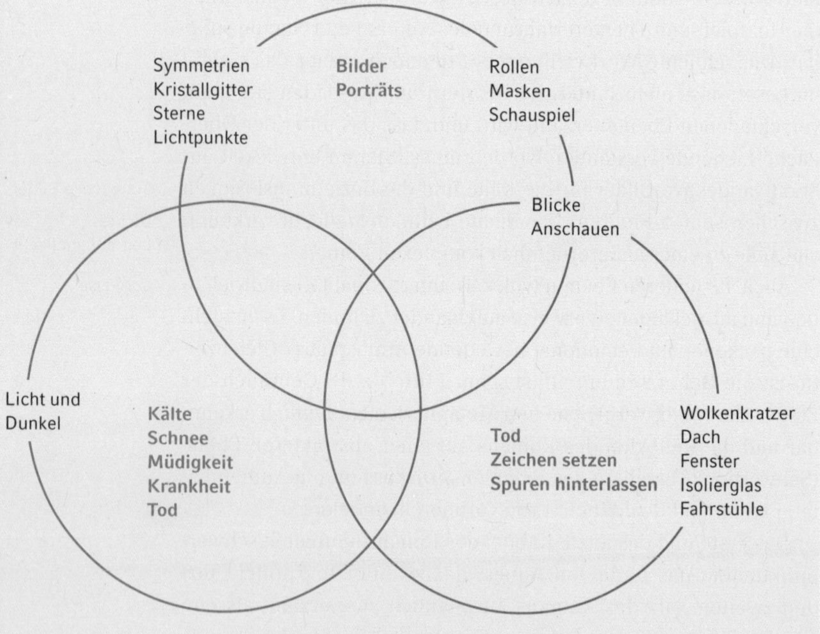

Funktionaler Einsatz stilistischer Mittel

Die Dichtheit der sprachlichen Gestaltung ist ein Phänomen des Romans, das immer wieder von Rezensenten hervorgehoben wird. Es wird gelobt, dass es keine überflüssigen Wörter, keine nur ausschmückenden Adjektive und Beschreibungen, keine schiefen Bilder gibt. Man bescheinigt Stamm durchgängig die Beherrschung seiner erzählerischen Mittel und den gezielten und verbindlichen Einsatz derselben (vergleiche dazu: Pressestimmen in Abschnitt 4.

Rezeptionsgeschichte: Ausschnitte von Norbert Straub, Silja Ukena, Sabine Doering, Spiegel 19. 10. 98 u. a.). Dies gilt besonders für die leitmotivischen Verknüpfungen.

Selbst bei bekannten oder leicht verständlichen sprachlichen Bildern (z. B. „Kälte" in Verbindung mit Gefühlsarmut, Einsamkeit, Furcht, mit Krankheit und Tod, mit Schnee und Winter, mit Vergangenheit u. a., Kontrast zu Wärme, Liebe, Leben etc.) entsteht nicht der Eindruck von Abgegriffenheit. Die Komplexität des Romans ist maßgeblich dadurch bestimmt, dass die Leitmotive auf sehr unterschiedlichen Ebenen gebraucht werden und dadurch, dass alle Motive miteinander in Verbindung gebracht werden und in neuer Verknüpfung neue Aspekte des Ganzen ermöglichen. Jedem Leitmotiv kann man weitere Leitmotive anschließen, so dass sich das Geflecht ständig erweitert zu einem sprachlich und thematisch sehr dichten System.

Neuartige Konstellationen

Dazu enthält der Roman einzelne Passagen, in denen nicht nur die wichtigsten Leitmotive konzentriert sind, sondern die auch noch inhaltlich eng miteinander verknüpft sind und deutliche Bezüge aufeinander enthalten. Bezeichnenderweise sind diese Passagen am Anfang (Kapitel 1: Reflexion des Erzählers nach dem „Weggehen" von Agnes), in der Mitte (Kapitel 15 und 16: Wanderung im Hoosier National Forest am Columbus Day) und am Ende (Kapitel 35 und 36, Verschwinden von Agnes, insbesondere das wörtlich wiedergegebene Ende der „Geschichte").

Enge Verflechtung von Anfang, Mitte und Ende des Romans durch Leitmotive

Es ist im Rahmen dieser Erläuterungen nicht möglich, alle Zusammenhänge vollständig aufzuführen und ihre Funktion im Detail aufzudecken, es soll aber der Versuch gemacht werden, zumindest auf die wichtigsten Leitmotive und die Verknüpfungen aufmerksam zu machen.

Kälte, Schnee, Müdigkeit, Krankheit und Tod

Der Roman beginnt mit der Feststellung des **Todes** von Agnes. Auffällig ist, dass vom **Tod** Agnes' in diesem Textsegment dann nicht mehr die Rede ist. Gleichwohl legen die übrigen Leitmotive und vor allem der Romananfang den Tod Agnes' nahe.

,Kälte' in der Schlussvariante der Geschichte

Ein eng mit dem Thema Tod verknüpfter Begriff ist der der **Kälte**. Die fiktive Agnes in der Schlussvariante **friert**, spürt die Kälte aber nicht. Die umgebende Natur ist winterlich kalt: der Wind weht böig, der See ist **zugefroren**, die Bäume sind **eiskalt**, die Wege sind **schneebedeckt,** Agnes legt sich in den pulvrigen **Schnee**.

Schon im übrigen Roman hat Agnes viel gefroren, während der Erzähler, **„aus der Kälte gekommen"** (S. 132), es fast zu warm in der Wohnung findet. Kälte ist im Gegensatz zu den vom Erzähler meist als überheizt empfundenen Räumen örtlich gebunden an Außenbereiche: den Park, den See, die Treppe vor der Bibliothek, vor allem an das Dach, auf das der Erzähler besonders gern zu gehen scheint, das Agnes aber „nicht gut" (S. 130) tut. Sie holt sich dort eine **Erkältung**, die langsam schlimmer wird, sie isoliert, ihre Aktivität einschränkt und sie ans Bett fesselt. Sie wird immer kränker, auch wenn sie sich selbst als nicht **todkrank** (S. 140) bezeichnet, zumindest solange sie im Bett bleibt. Zum Schluss hin wird Agnes zunehmend **müde und krank** (S. 141), unfähig zur Auseinandersetzung und zum Streit mit dem Ich-Erzähler. Das wird einerseits durch die Fehlgeburt, andererseits durch die Erkältung begründet. Allerdings fühlt sie sich schon **todmüde** (S. 87) nach dem Halloween-Umzug, an dem er nicht teilnehmen wollte. Es ist die Nacht vor ihrer Ankündigung der Schwangerschaft, dem Gespräch, das zu der vorübergehenden Trennung der beiden führt.

Wirkung von Kälte auf Agnes

Die Ankündigung von Schnee und der immer heftigere Schneefall zeigt ebenfalls eine sich zuspitzende Entwicklung.

Auf ihrer Wanderung durch den Nationalpark (Kapitel 15 und 16) werden die Bereiche Kälte, Krankheit, Müdigkeit, Tod und spurloses Verschwinden auch schon aufgenommen. Hier zitiert Agnes, ohne es genau zu bezeichnen, den Erzähler: „Stell dir vor, in wenigen Wochen liegt hier **Schnee** und dann kommt für Monate niemand hierher, und alles ist **ganz still und verlassen**. Er heißt, zu **erfrieren** sei ein schöner **Tod**." (S. 77 f.). Diese Vorstellung von Tod hat der Erzähler angesichts der **toten Frau** vor dem Restaurant entwickelt: „Ich habe mir immer vorgestellt, dass man sich irgendwann **müde hinlegt und im Tod zur Ruhe kommt**." (S. 24). Gleichzeitig betont er – in Erinnerung an das Gedicht von Robert Frost – dass er noch nicht zum Sterben bereit ist.

Tod im Schnee als Endversion, Variante des Verschwindens

Einbeziehung literarischer Vorlagen in die subjektive Vorstellung

Ein solcher „schöner Tod" wird kontrastiert mit den anderen Toten des Romans. Da ist erst einmal die **tote Frau** auf dem Bürgersteig, die der Erzähler auf dem Weg zum Restaurant gefunden hat („als sei es ein Verdienst" S. 23) und die es „geschafft" (S. 23) hat. Agnes berührt dieser Tod im Gegensatz zu dem **Tod des Mädchens bei den Pfadfindern** (S. 32 f.). Besonders schwer ist für sie aber die Fehlgeburt zu verkraften. Der Doktor hatte das „**Kindsmaterial**" als „**nicht lebensfähig**" (S. 111) bezeichnet. Agnes empfindet dies als persönliches Versagen („‚Du musst es aufschreiben', sagte Agnes, ‚du musst uns das Kind machen. Ich habe es nicht geschafft.'" S. 116).

Schreiben als kreativer Akt, Erzeugen von ‚Leben'

Der Text verweist mit diesen Fällen auf verschiedene Zeitpunkte des Todes, Ursachen und auf mögliche Reaktionen auf einen solchen Todesfall.

Tod als Thema in der Literatur

Bei den meisten angesprochenen Texten und Bildern im Roman geht es ebenfalls schon im Titel oder inhaltlich[37] um Tod, Mord oder Überleben:

Robert Frost	Stopping by Woods on a Snowy Evening
Oskar Kokoschka	***Mörder**, Hoffnung der Frauen*
Agatha Christie	***Murder** with Mirrors, **Murder** on the Orient Express*
Broschüren, Sachbücher	*How to **survive** the first two years* *How to **survive** Hoosier National Forest*
Dylan Thomas	*A Refusal to **Mourn the Death**, by Fire, of a Child in London*
William Shakespeare	*Sonett 18*

Tod, Zeichen setzen und Spuren hinterlassen

Eine andere leitmotivische und thematische Verknüpfung mit Tod ist die Frage, was von einem Menschen bleibt.

Agnes hat sich offenbar viel mit Tod auseinandergesetzt. Bezeichnenderweise fürchtet sie sich **nicht vor dem Sterben,** vor Leiden und Krankheit, sie hat vielmehr „**Angst vor dem Tod – einfach, weil dann alles zu Ende ist.**" (S. 24). Sie setzt sich wissenschaftlich mit letzten Erkenntnissen, den Kristallgittern der Atome auseinander und kommt auf grundsätzliche Sinnfragen. Sie denkt über den Tod und den Wert des Lebens nach und darüber, welche Spuren ein Mensch hinterlässt. Für sie ist Leben ohne Tod nicht denkbar: „**Wenn es keinen Tod mehr gibt, gibt es auch kein Leben mehr**" (S. 131). Und sie findet es nachvollziehbar, dass Men-

Frage nach dem Sinn des Lebens

37 vgl. abgedruckte Texte in 5. Materialien

schen darauf aus sind, „eine **Spur zu hinterlassen, ein Zeichen zu setzen.** Weil sie sich **fürchteten**, in der **Natur unterzugehen, zu verschwinden**. Sie wollten etwas **hinterlassen**" (S. 32, vgl. auch S. 76). Auch ihr „Werk", die eigene Dissertation, empfindet sie als Spur ihrer Person (vgl. S. 31). Andere Möglichkeiten des **Weiterlebens nach dem Tod** bestehen für sie „in der **Erinnerung** anderer Menschen, von unseren **Kindern**" (S. 28). Sie argwöhnt entsprechend, dass der Erzähler **Bücher** schreibt, weil er keine Kinder hat. Der Erzähler dementiert dies heftig (vgl. S. 28), hinterlässt aber schließlich tatsächlich sein nach neun Monaten Beziehung entstandenes Werk, sein „**verschlüsseltes Gedächtnis**" (S. 31).

Weiterleben nach dem Tod durch Kinder/Erinnern/ Werke

Agnes dagegen hinterlässt keine eigene Spur. Der Leser erfährt nichts von einer fertiggestellten Dissertation, ihr Kind war nicht lebensfähig und die von ihr bewohnten Räume sind so sauber, als seien sie „nie benutzt worden" (S. 112) oder „**unbelebt**", als seien sie „seit Jahren von keinem Menschen betreten worden" (S. 39). Der Kontakt zu den Eltern ist äußerst dürftig, sie wissen kaum etwas von ihr. Das bedeutet, dass Agnes auch in deren Erinnerung kaum weiterlebt. Durch gründliche Putzaktionen werden ihre „Spuren" sogar in seiner Wohnung verwischt. Lediglich der Roman, sein Werk, erinnert an sie. Es gibt in diesem Zusammenhang zu denken, dass der Erzähler von der ständig gewachsenen **Angst** Agnes' spricht und sagt: „Sie klammerte sich (…) immer enger an mich, je mehr sie sich fürchtete. Ausgerechnet an mich." (S. 12).

Geschichte als einzige Spur von Agnes; Betonung des Fiktiven

Spuren sind ebenfalls nötig, um auf „verschlungenen Wegen" (S. 151) seinen Platz zu finden und nicht verloren zu gehen.

Spuren zur Orientierung

Bilder, Porträts

Dieser leitmotivische Bereich wird auf sehr unterschiedlichen Ebenen wirksam. So gibt es zum einen verschiedene **Fotos,** unter anderem **von Agnes**, die aber nur entfernte Ähnlichkeit mit ihr

Fotos, Porträts, Bilder in ihrer Funktion als Abbild einer Person

haben (Erzähler: „**So siehst du nicht aus**." S. 39; Agnes: „Es gibt **kein einziges gutes Bild** von mir. Auf dem man **sieht, wie ich bin**." S. 48). Deshalb möchte Agnes ein geschriebenes **Porträt**, das eher ein Abbild ihrer Person ist. Sie setzt sich also wie das **Modell** eines Malers oder Fotografen hin („als solle sie **fotografiert** werden" S. 53). Da er sie aber nicht versteht (vgl. Leitmotiv Blick, Augen) und ganz andere Intentionen hat als sie, scheitert dieser Versuch. Die fiktive Agnes entspricht nicht der lebenden.

In anderen Fällen ist von vornherein keine optische Vorlage vorhanden. Dies trifft zu für das „**Kind,** mit dem Agnes schwanger war" und von dem der Erzähler wissen möchte, „**wer es ist, wie es aussieht**" (S. 107). Der Versuch, „**ein Gesicht zu zeichnen**", misslingt und so beginnt er zu „**schreiben**" (ebd.). Das Kind sowie die Fiktion seines Lebens und der Umstände, haben kein reales Pendant, es hat „**keinen Namen und kein Gesicht**" (S. 131) und seine Existenz wird später mit einem Tastendruck gelöscht.

Im Zug zeigt ihm die dicke Frau ein **Foto** (S. 36) von ihrem Geliebten, den sie aber noch nie in natura gesehen hat. Ebenso anonym ist die grobe Zeichnung eines Frauenkörpers auf dem Pullman-Gelände, dem „jemand mit **feinerem Strich ein Gesicht** hinzugefügt" (S. 105) hat.

Hinweis auf die Fiktivität der Figur Agnes

Die gemalten Personen auf den Bildern und Plakaten sind abstoßend oder zerfallen vor ihren „**Augen** in ein **Meer von kleinen Punkten. Die Konturen verschwammen, die Flächen flossen ineinander.**" (S. 69). Unscharf ist auch das **Spiegelbild** (S. 58) von Agnes im See und sein Spiegelbild im Fenster (S. 92). Weder durch Worte noch durch optische Mittel scheint das Gegenüber einzufangen zu sein („Die **Kamera** nähert sich mir von oben, kommt immer näher, bis das **Bild unscharf** wird, weicht zurück. (…) Lange bleibt sie auf dem **Gesicht** stehen, versucht, noch einmal näher zu kommen, aber das **Bild wird wieder unscharf**, und sie weicht von neuem zurück." S. 11, vgl. auch S. 153). Zum Teil wird dies durch das Medium selbst verhindert („dann wohl der Versuch, sich selbst zu zeigen: der Rückspiegel, darin groß die Kamera und dahinter, **kaum zu sehen**, Agnes selbst", S. 10).

Auf der anderen Seite überlagern die **Bilder eines Videos** (vgl. S. 10) oder „der **Film**" in seinem „**Kopf**" (S. 139), dessen Bilder laufen oder still stehen (vgl. S. 133), die Wirklichkeit oder bestimmen diese sogar.

Hinweis auf die Subjektivität der Sichtweise

Ein weiterer Bereich dieses leitmotivischen Geflechts bezieht sich auf Vorstellungen von Menschen, die **Bilder, die man sich von einem Menschen oder Volksgruppe macht** (vgl. S. 49 f., S. 101).

Vorurteile, Vorstellungen

Ebenfalls in diesen Zusammenhang sind die **Bilder von Sternen und Sternzeichen** (vgl. S. 126) einzuordnen. Besonders absurd wird es, wenn die unter einem bestimmten Sternzeichen Geborenen nach Typen geordnet werden und das nur in der Fantasie lebende Kind der beiden seine Eigenschaften durch eine solche Typologie zugeschrieben bekommt (vgl. S. 115 f.).

Lichtpunkte, Sterne, Kristallgitter, Symmetrie und Asymmetrie

Über dieses Leitmotiv werden verschiedene thematische und inhaltliche Bereiche miteinander in Beziehung gebracht. Es geht meist um die Möglichkeit der Erkenntnis eines Ganzen / von Wahrheit.

Agnes schreibt über die „**Symmetrien der Symmetriegruppen in Kristallgittern**" (S. 20) ihre Dissertation.

Die zentrale Aussage macht Agnes, als sie einen Stapel „kleiner **trüber Glasplatten**" hervorholt und diese „**Röntgenbilder von Kristallgittern**" erklärt: „Die wirklichen Anordnungen der **Atome**. Ganz tief in fast allem ist **Symmetrie**. (...) **Das Geheimnisvolle ist die Leere in der Mitte (...), das was man nicht sieht, die Symmetrie-**

Zweifel an der Abbildbarkeit von Realität

achsen" (S. 44 f.). Auf die Frage, was das mit ihnen zu tun habe, da sie beide **asymmetrisch** seien, erklärt sie: „Es ist die **Asymmetrie**, die das Leben überhaupt erst möglich macht. (…) **Asymmetrien haben immer einen Grund und eine Wirkung**" (S. 45). (Weitere wichtige, in diesem Kontext auftauchende Begriffe/Ausdrücke sind: Glas, Fenster, Licht, Zeit, auf jeder Platte andere Muster, Unterschied zwischen den Geschlechtern, zerbrechlich, genauer hinschauen. Man vergleiche im Zusammenhang mit diesem Leitmotivgeflecht besonders die Wiederaufnahme und Zusammenführung mit nahezu allen anderen Leitmotiven am Schluss der Geschichte S. 150!)

Agnes erklärt im Zusammenhang mit **Kristallgittern**, dass „**ideale Kristalle** (…) **sehr selten**" (S. 123) sind. Theoretisch könne man jeden Kristall „durch **Symmetrieoperationen** mit sich selbst zur Deckung bringen", in der Praxis jedoch gäbe es immer „**Fehlordnungen und Gitterbaufehler**" (S. 123).

Auf der Suche nach einem „**Nebel- oder Rauchbild**" (S. 67) gehen beide ins Museum. Das Bild von Seurat, das sie entdecken, zerfällt vor ihren Augen „in ein **Meer von kleinen Punkten**". Jede **Fläche** enthält alle Farben und wirkt „erst aus der Distanz als Ganzes." (S. 69). Agnes sagt, dass man Glück „mit Punkten" malt und „dass es Glück war, wird man erst aus der Distanz sehen" (S. 69). Diese Beobachtung korrespondiert mit der Beobachtung des Erzählers, dass die „**Platten**" der Röntgenbilder gleichmäßig trübe zu sein schienen und erst bei genauerem Hinsehen „**im grauen Nebel winzige Punkte in regelmäßigen Abständen**" (S. 44) zu entdecken sind.

Erinnerung, Bewertung des Lebens im Rückblick

Auf dem Bildschirm von Agnes' Computer sind **viele „Sterne** zu sehen, **Lichtpunkte**, die vom **Zentrum** nach außen wanderten" (S. 43). Diese verschwinden mit einem Tastendruck.

Dieser „Bildschirmschoner ***Starfield Simulation***" (S. 150) wird intensiv beschrieben und mit anderen zentralen Begriffen verknüpft (Sterne, Weltall, Mittelpunkt, Wirklichkeit, Lichtpunkte, unendlicher Raum, Illusion eines Raumes, eingesogen, durch das Glas hindurch). Er wird als Metapher in das Ende der Geschichte eingearbeitet (S. 150 f.).

Optisch vergleichbare Eindrücke mit den Röntgenplatten, dem Bildschirmschoner und dem Bild von Seurat entstehen offenbar bei der Beobachtung von Schnee und Schneetreiben (vgl. S. 136, 138 u. a.), Feuerwerk, den Sternen am Himmel (S. 51, 151 u. a.).

Komposition aus Einzelelementen

Weihnachten gehen sie auf das Dach (es ist „eiskalt" und ein „böiger Wind" weht!) und sehen **„die Sterne, sehr viele Sterne, man hatte den Eindruck, der ganze Himmel bestehe nur aus Sternen**" (S. 126). Der Erzähler stellt erstaunt fest, dass Agnes sich mit Sternen auskennt („Ich erkannte die **Milchstraße**, und **Agnes zeigte mir den Schwan und den Adler**." S. 126). Dieses Erlebnis wird noch einmal modifiziert aufgenommen in einer Variante der Geschichte („gingen ins **Adler** Planetarium, **wo Agnes mir die Sterne erklärte**", S. 135). Auch am Schluss der Geschichte heißt es: „Sie sah **unzählige Sterne, erkannte den Schwan und den Adler**" (S. 151).

Bilder als Möglichkeit der Orientierung, Schaffen von Ordnung in unüberschaubarem Chaos

Weitere Leitmotive

Blicke, Anschauen

Hierbei geht es um Verstehen, Erkennen und die Angst, durchschaut zu werden. Die nonverbale Kommunikation über Blicke und Mimik drückt die Intensität der Beziehung aus (vgl. S. 11 f., 14, 15, 51, 53, 118, 138).

Kommunikation durch Blicke

Wolkenkratzer, Dach, Fahrstühle, Fenster, die sich nicht öffnen lassen, Isolierglas

Dies sind Sprachbilder, durch die die Fremdheit, Anonymität und Isolation der Menschen verdeutlicht werden. Agnes und der Erzähler reagieren sehr unterschiedlich auf das Problem der Un-

Vereinzelung

nahbarkeit (vgl. S. 9, 12, 26, 27, 49, 51, 54, 93, 107, 111, 120, 129, 149).

Rollen, Masken, Schauspiel

Rollen

Dieser leitmotivische Bereich nimmt die Frage auf, inwieweit der Mensch nur Rollen spielt, was die Identität des Einzelnen ausmacht. Es geht darüber hinaus auch um Lebensalternativen (vgl. S. 40, 68 f., 83 ff., 127, 147).

Licht und Dunkel

Erkennbarkeit/ Durchschaubarkeit von Realität

Kontraste, Helligkeit, Licht und Dunkel betreffen ebenfalls den thematischen Bereich des Erkennens und Verstehens. Durch die Verwendung und Einbindung der Beschreibung entsteht ein Zusammenhang mit den anderen Leitmotiven Schnee, Kälte, Isolierglas, Fenster, Symmetrien und Asymmetrien, mit Aspekten der Wirklichkeit (vgl. S. 9, 79, 151 u. a.).

3.7 Interpretationsansätze

ZUSAMMENFASSUNG

Der Roman *Agnes* ermöglicht unterschiedliche Zugänge und Schwerpunkte der Interpretation:
→ Erzählen und Schreiben
→ Liebesgeschichte – Liebe als literarische Illusion
→ Wirklichkeit und Fiktion – Konstruktionsprinzip der Wirklichkeitsüberblendung
→ Leben und Tod – Kältetod als Metapher für eine Welt, in der Liebe nicht realisierbar ist
→ Fremdheit zwischen Menschen, Einsamkeit, Beziehungen

Die Erzählperspektive und ihre Konsequenzen

Der Erzähler

→ *geht als verlässliche Instanz verloren*
→ *ist Erinnernder, hat Gedächtnislücken, konstruiert Erinnertes neu*
→ *ist persönlich betroffen, hat bestimmte Motive zum Ausschmücken, Weglassen, Verschweigen, Lügen*
→ *ist professionell Schreibender, kennt Tricks im Umgang mit Lesern*
→ *gibt seine Weltsicht durch Sprache wieder, vermittelt seine Interpretation von Wirklichkeit, muss mit der Beschränktheit und Uneindeutigkeit des Zeicheninventars umgehen*

Verlust des verlässlichen Erzählers

Die Geschichte des Romans beschreibt eine deutliche Abwendung vom auktorialen, allwissenden Erzähler hin zum subjektiven Ich-Erzähler. Vor allem der erinnernde Erzähler konstruiert durch sein künstlerisches Bewusstsein eine eigene Welt, in der sinnliche Wahrnehmung, Erinnerung und subjektives Erleben eng aufeinander bezogen sind. Dabei „erscheint der erinnerte, subjektivierte Wirklichkeitsentwurf authentischer als die gegenwärtige Erfahrungswirklichkeit“[38].

Auch bei dem vorliegenden Roman bekommen wir schon im ersten Kapitel deutliche Hinweise darauf, dass die erlebte Gegenwart des Erzählers (Blick aus dem Fenster der Wohnung), seine Gefühle („ist mir die Wohnung fremd und unerträglich geworden“, S. 9) und die Erinnerung („Hier habe ich mit Agnes gewohnt“, ebd., „Ich schaue mir (...) das Video an“, S. 10) zu einer Einheit verschmelzen, wobei die Wirklichkeitsgrenzen verwischen („Die Bilder scheinen mir wirklicher als die dunkle Wohnung, die mich umgibt.“ S. 10). Über für die Gegenwart und die Vergangenheit geltenden Aussagen („Ich arbeite an einem Buch über amerikanische Luxuseisenbahnwagen“, S. 13) wird zeitlich zurückgegangen. Schnell wird für den Leser ebenso wie für das erinnernde Ich das Vergangene gegenwärtig, die Zeitgrenze verwischt.

Überlagerung der Wirklichkeitsebenen

Typisch für den postmodernen Roman ist die Unzuverlässigkeit des Ich-Erzählers als Erzählinstanz. Auch dem Erzähler in *Agnes*, der außerdem Autor der gleichnamigen Geschichte ist, sollte der Leser mit gebührender Skepsis begegnen.

Zur angemessenen Einschätzung der Erzählerfigur (Charakter, Motive, Verlässlichkeit etc.) sollten die folgenden grundlegenden Aspekte beachtet werden.

Der Ich-Erzähler identifiziert sich als Schreibender

→ *Er schreibt 1. über die Geschehnisse, 2. den Roman Agnes, 3. Sachliteratur.*
→ *Er ist professioneller Schriftsteller.*
→ *Als Profi kennt er Mittel der Beeinflussung des Lesers durch Sprache.*

---

38 Borchmeyer, Dieter und Zmegac, Viktor: *Moderne Literatur in Grundbegriffen*. Tübingen: Niemeyer, 1994, S. 377

Der Erzähler berichtet rückblickend über die Geschehnisse.

Er ist von Beruf aus der Verfasser von Sachliteratur und schreibt zum Zeitpunkt des Erzählens über Luxuseisenbahnen. Über Recherchen, Informationssuche, Fortgang der Arbeit und Gedanken über den Sachverhalt wird der Leser von Zeit zu Zeit unterrichtet.

Er ist der Verfasser der Geschichte „Agnes", die inhaltlich mit dem Romangeschehen selbst eng verwoben ist. Über den Anfang und die Entwicklung dieser „*Geschichte*" wird der Leser in noch viel stärkerem Maße informiert. Obwohl der Erzähler im Zusammenhang mit der Beurteilung von Agnes' Geschichte sagt, er sei kein Schriftsteller (S. 43), ist er vor allen Dingen als Schreibender (beruflich und privat) erkennbar, er definiert sich über seinen Schreibakt. Wir erfahren bezeichnenderweise nie seinen Namen.

Erzähler definiert sich über seinen Schreibakt

Wichtig ist in diesem Zusammenhang, dass der Erzähler Profi ist. Als solcher weiß er um die Möglichkeiten der Verwendung von Sprache. Er hat die Erfahrung gemacht, dass es notwendig ist, einen Adressaten seiner Texte, den Leser, zu haben. Früher hat er sich nur an den „eigenen Worten berauscht" (S. 30). Jetzt aber geht es ihm um die Wirkung auf andere.

Als Profi kennt er die Möglichkeiten der Verwendung von Sprache

Er möchte nicht nur seinen Erzählstoff beherrschen (vgl. S. 30, 62), sondern auch den Lesenden. So freut er sich über Agnes Reaktion auf sein Geschriebenes, hier die Ausblicke in die Zukunft („Befehl ist Befehl", S. 64; „Erst will ich wissen, was ich zu tun habe. (…) Ich möchte keine Fehler machen." S. 65). Wir müssen uns also vor Augen führen, dass er die Macht, die ein Schriftsteller ausüben kann, kennt. Agnes fragt sich, „ob die Schriftsteller wissen, was sie tun, was sie mit (dem Leser) anstellen" (S. 120) und welche „Gewalt" (ebd.) Bücher über den Leser haben können. Er nutzt diese „Gewalt" über sie.

Der Ich-Erzähler gibt seine Weltsicht durch Bücher wieder

→ *Selbst scheinbar Faktisches, Objektives erweist sich als nicht neutral, unveränderlich. Der Leser hat es viel mehr mit einer Interpretation der Wirklichkeit zu tun.*

→ *Die Art und Weise der Darstellung und die Motivation des Autors fürs Schreiben ergeben wichtige Hinweise auf die Ausrichtung des Dargestellten.*

Schriftstellerei und Journalismus werden von dem Erzähler unterschieden (vgl. S. 49). Als Schriftsteller ist man in der Geschichte „frei", als Journalist hat man sich an die Fakten zu halten. Als Autor von Sachbüchern schreibt der Erzähler über Vergangenes, Faktisches. Diese Tatsache im Zusammenhang mit seiner Herkunft – er ist Europäer, genauer Schweizer – erweckt für die Eltern von Louise den Eindruck von Seriosität („Ich habe ihnen gesagt, du bist Journalist und schreibst Bücher." S. 102). Er ist es gewohnt, Dokumente zu studieren und Archive nach objektiven Beweisen zu durchforsten. Andererseits wird deutlich, dass selbst das scheinbar Objektive, Unveränderliche der Interpretation und der Sichtweise unterworfen ist (vgl. Aussagen zum Pullman-Streik). Selbst historische Fakten werden mit einigem Abstand von den Geschehnissen und in Abhängigkeit von der Interessenlage des Beschreibenden anders beurteilt, verlieren ihre Unveränderlichkeit.

Verlust von verlässlicher Wahrheit und Objektivität

Der Erzähler kann einen gewissen Stolz darüber, dass er Bücher veröffentlicht, nicht verbergen. Bei einem Überblick über das bisher Produzierte schämt er sich allerdings „ein wenig für die magere Ausbeute" (S. 30) seines bisherigen Lebens.

Agnes sagt Entscheidendes, wenn sie mit den Worten „Ich würde gern lesen können, wie du schreibst. Die Sätze sind lang, nicht wahr?" (ebd.) auf seine Bücher reagiert. Wichtiger als die Themen seiner Bücher sind für den Leser die Art und Weise des Schreibens und die Motivation dafür. Über den Schreibstil erfährt der Leser einiges über die Person des Schreibenden. Genauso interessant ist die Motivation fürs Schreiben und die Bedeutung der Bücher für den Schriftsteller: 1) Neugier (vgl. S. 13), 2) Bücher zur Erinnerung an bestimmte Zeiten als „eine Art verschlüsseltes Gedächtnis" (S. 31) und 3) Bücher als „Experiment" (S. 50), ob er überhaupt noch fähig ist, Geschichten zu schreiben.

Stil und Funktion von Literatur

Agnes argwöhnt als weiteren Grund: dass der Erzähler Bücher schreibt, um „in der Erinnerung anderer Menschen" (S. 28) weiter zu leben.

Der Ich-Erzähler schreibt aus der Erinnerung

→ *Der Erzähler ist Betroffener des Erzählten, in die Geschehnisse zum Teil maßgeblich verwickelt.*
→ *Der Erzähler hat Erinnerungslücken, bestimmte Einschätzung von Wichtigem und Unwichtigem.*
→ *Seine Auswahl des Erzählten ist durch persönliche Motivation, Emotion, Kenntnis bestimmt.*

Der Beginn des Romans setzt am Ende dieser neun Monate ein, der Ich-Erzähler schreibt also im Rückblick. Er erinnert sich unmittelbar nach dem „Weggang" von Agnes und beginnt auch zu diesem Zeitpunkt mit der Niederschrift der Geschehnisse. Damit scheint erst einmal gewährleistet, dass dicht am Geschehen erzählt wird, es wird Authentizität und Wahrheit suggeriert. Er scheint seinen Stoff vollkommen zu überblicken.

Nun sind aber folgende Punkte zu bedenken:

a) Der Erzähler ist selbst Betroffener der Geschehnisse.

Betroffenheit verändert Sicht und Darstellung der Situation

Seine Erinnerungen sind durch seine subjektive Sicht der Dinge, durch den Grad der emotionalen Betroffenheit, durch persönliche Motive bestimmt. Dadurch kommen bewusste oder unbewusste Veränderungen, Auslassungen, Verknüpfungen von Zusammenhängen etc. zustande. Er macht die Erfahrung, dass sein Gedächtnis lückenhaft ist (vgl. Beispiel mit dem Restaurant S. 56). Ebenso geht es mit der Einschätzung von Wichtigem und Unwichtigem.

→ „Manches, was ich ausführlich beschrieb, empfand sie als belanglos. Anderes, was ihr wichtig war, kam in der Geschichte gar nicht vor oder nur kurz“ (S. 56).

Bestimmte Auslassungen sind durch die emotionale Beteiligung bedingt:

→ „Herbert erwähnte ich nicht in der Geschichte, und Agnes meinte, ich sei eifersüchtig, und schien sich darüber zu freuen.“ (S. 57)

Oder dadurch, dass er keine Kenntnis darüber hatte:

→ „Die wenigen Male, die wir auf ihn zu sprechen kamen, wich sie meinen Fragen aus oder gab nur vage Antworten. Über ihre Kindheit sprach sie ungern“ (S. 57).

Teilweise wird gerade das Entscheidende der Situation ausgelassen, die Situation zur Unkenntlichkeit verfälscht. Dennoch wird erst einmal behauptet, die ‚Wahrheit‘ wiedergegeben zu haben:

→ „Ich beschrieb die Feiertage ganz so, wie sie gewesen waren, nur ohne das Gefühl der Fremdheit zwischen Agnes und mir, ohne ihr Weinen und ohne das Geschenk von Louise. Ich schrieb von einer wunderbaren Woche zwischen Weihnachten und Neujahr.“ (S. 135)

Leser muss Wahrheitsgehalt der Aussagen reflektieren und kritisch beurteilen

Es ist jedoch dem Leser überlassen, das Falsche oder Gefälschte zu erkennen. Der Wahrheitsgehalt der Aussagen muss also unter diesen einschränkenden Prämissen beurteilt werden.

b) Der Erzähler beginnt mit dem Aufschreiben der Erinnerungen am Ende der Geschehnisse.

Damit entsteht für den Leser die Frage, was genau erinnert wird, welche Stützen zur Erinnerung herangezogen worden sind.

Widersprüche hinsichtlich der Geschehnisse und ihrer Dokumentation

„Nichts ist mir von ihr geblieben als diese Geschichte“ (S. 9) betont der Erzähler am Anfang der Erinnerungen. Dieses ‚Dokument‘ kann aber streng logisch nur noch in einer Variante vorliegen, der Rest ist Erinnerung. Dies betrifft auch alle später als gelöscht bezeichneten Passagen, die dennoch als wörtliche Zitate im Text auftauchen und die der Leser als authentisches Material anzusehen geneigt ist. Die Erinnerung des Erzählers wird bestimmt durch seine Situation am Ende der Ereignisse. Das Erinnerte kann nur mit Einschränkungen als ‚richtig‘ angesehen werden.

Die dargestellte Welt wird durch Sprache vermittelt

Die Abbildung und Vermittlung der Wirklichkeit durch Sprache kann nur in subjektiver Wahl aus dem Zeicheninventar und mit der Beschränktheit und der Interpretierbarkeit dieses Zeichensystems erfolgen.

Agnes und der Erzähler sind sich beispielsweise nicht einig, ob die Gegend, in die sie wandern wollen als „Park“ oder als „Wald“ zu bezeichnen ist. Für beide ist die Wahl des Sprachsymbols aber Konsequenz ihrer Einstellung: Agnes zieht für die Wanderung in den „Wald“ solide Schuhe an, der Erzähler sieht in seinem „Park“ vorwiegend das Künstliche, die „Kanäle und Seen“ (S. 58).

Auch die unterschiedlichen Beschreibungen von Agnes (S. 13 f., S. 54) zeigen die Bedeutung der Wortwahl. Im Falle der „Geschichte“ ärgert sich Agnes: „Das brauchst du wirklich nicht so zu schreiben“ (S. 54).

Sprachliches Zeichen (Wortwahl) als Ausdruck einer bestimmten Einschätzung der Realität

Agnes – eine Liebesgeschichte

Beziehungsroman

Agnes reiht sich ein in die Gruppe der „Beziehungsromane“, in denen eine Welt gezeigt wird, die zunehmend eine Welt der Singles ist und in der Beziehungslosigkeit oder Beziehungsunfähigkeit in zunehmendem Maße zu finden sind.

Es ist die Geschichte einer Beziehung zwischen zwei sehr ungleichen Menschen, von ihrem Anfang bis zum Scheitern, obwohl es heißt, dass in Amerika alle Geschichten gut ausgehen (S. 137). Von Agnes' Seite ist es wohl Liebe (S. 129), er aber liebt die Agnes seiner Geschichte, sein „Geschöpf“ (S. 62), und zwingt der lebenden Agnes durch seine Geschichte eine Rolle auf, der sie nicht immer entsprechen kann und will. Der Erzähler flüchtet konstant in fiktionale Lebensalternativen, da er im wirklichen Leben nicht fähig zu einer festen und glücklichen Beziehung ist. Die Geschichte wird zum Lebensersatz, ein „inszeniertes Kunststück“ (Peter Hamm). Agnes aber erträgt Liebe als Fiktion nicht.

Fiktive Lebensentwürfe statt aktives Bemühen um die Beziehung

Beginn der Beziehung

Die Beziehung beginnt unvermittelt und geht vor allem von ihm aus. Die Attraktivität Agnes' besteht vor allem in einer gewissen Rätselhaftigkeit. Das Kennenlernen verläuft dann eigentlich in gewohnter Weise – Wiedersehen, Gespräche, gemeinsames Kaffeetrinken und Rauchen, weitere Gespräche, Besuch eines Restaurants „nach ein paar Wochen“ (S. 22), gemeinsam verbrachte Nacht – er jedoch betont immer das rasche Tempo der Entwicklung der Beziehung. Dieser Eindruck des Erzählers ist möglicherweise dadurch begründet, dass die Beziehung schon am zweiten Tag in seinem Kopf „viel weiter gediehen als in Wirklichkeit“ (S. 17) ist. Wie viel Vorsicht im Spiel ist, wird aus dem Vergleich ersichtlich: Der Erzähler spricht von einer langsamen Gewöhnung aneinander „wie man sich an ein neues Kleidungsstück gewöhnt, das man erst für einige Zeit in den Schrank hängt, bevor man es wagt, es anzuziehen.“ (S. 22). Von einer leidenschaftlichen Liebe ist aus diesen Worten nichts zu spüren und auch beim ersten sexuellen Kontakt nicht („Alles ging sehr schnell“, S. 26). Die Gespräche der beiden thematisieren jedoch sehr schwerwiegende Gedanken.

Abhängigkeit der Beziehung von der Geschichte

Mit dem Zeitpunkt, als er in seiner Geschichte die Gegenwart erreicht, ändert sich seine Beziehung zu Agnes. Er beobachtet sie wie eine Fremde (vgl. S. 59) und sucht Distanz zu ihr, ohne ihr gegenüber offen zu sein. Er stellt fest, dass sich seine Liebe zu Agnes „verändert“ hat, sie bekommt für ihn „demütigende“ (S. 61) und fast beängstigende Züge. Er entwickelt eine geradezu körperliche Abhängigkeit von ihr, er möchte sie ständig um sich haben, seine Wahrnehmungen verändern sich (vgl. S. 61). Die Gefühle von Agnes ihm gegenüber werden als Vermutungen im Konjunktiv formuliert und betreffen häufig ihre Angst ihn zu verlieren (S. 59, 142).

Gleichsetzung der fiktiven mit der realen Agnes

Dann kommt der Zeitpunkt, als er mit der Geschichte in die Zukunft vorstößt. Plötzlich wird sprachlich nicht mehr unterschieden zwischen der lebendigen und der fiktiven Agnes. Er bezeichnet sie als „sein Geschöpf“, dessen Zukunft er „wie ein Vater“ (S. 62) plant.

Ihm geht es weniger um die Beziehung als um die Qualität seiner Geschichte (vgl. S. 63). Seine Gefühle sind gemischt: Spannung, Freude und Angst beherrschen seine Gedanken. Von jetzt an bestimmt die Vorstellung von der fiktiven Agnes seine Gedanken, die als Mischgestalt in seiner Fantasie wächst („Wir hatten uns einige Tage nicht gesehen, aber ich hatte dauernd an Agnes gedacht und an der Geschichte weitergeschrieben.“ S. 63).

Beziehung wird der Geschichte angepasst

Nun wird der Versuch unternommen, die wirklichen Ereignisse der Geschichte anzupassen. Agnes zieht – wie vorgeschrieben – bei ihm ein. Die Rollenverteilung scheint einfach: Jeder macht seine Arbeit, er versorgt den Haushalt jetzt für zwei. Das Zusammenleben selbst ist durch Gleichmäßigkeit, Ruhe, Gewöhnung (vgl. S. 67) geprägt. Doch bald macht sich immer stärkere Unruhe und Unzufriedenheit bei ihm breit; dies wird allerdings nicht offen ausgesprochen. Der Grund dafür ist, dass das gleichmäßige Leben keinen Stoff mehr für seine Geschichte liefert. Er aber möchte sein Experiment zu einem gelungenen Abschluss bringen. Agnes hingegen scheint nichts zu vermissen.

Leben liefert Stoff für Geschichten

In einem unruhigen und traumartigen Zustand spielt er die Möglichkeit einer noch engeren Verbindung, der Heirat, in seiner Fiktion durch. Diese Variante weitet sich zu einer alptraumartigen und für ihn geradezu bedrohlichen Szene („Ich presste mein Ohr gegen das kalte Metall und hörte Agnes ganz nahe flüstern: ‚Du bist tot'." S. 81). Sie bekommt für ihn so viel Lebendigkeit, dass er deprimiert ist, seiner Traumfigur mehr glaubt als der lebendigen Agnes (vgl. S. 82) und sich als Konsequenz daraus immer stärker von Agnes löst. Er lehnt ihre Einladung zum Halloween-Umzug ab, hält seine Versprechen nicht und lässt sich stattdessen mit Louise, einer deutlichen Gegenfigur zu Agnes, ein.

Wirklichkeit stimmt nicht mit Geschichte überein

Die Schwangerschaft Agnes' macht offensichtlich, wie wenig er die Wirklichkeit steuern kann. Eine Deckung der lebendigen mit der fiktiven Agnes ist jetzt nicht mehr möglich. Der Erzähler empfindet diese von ihm unvorhergesehene Variante als Beweis der fehlenden Liebe (vgl. S. 89). Agnes erkennt den Grund seines Verhaltens in seiner Fixierung auf die Geschichte („Geh, geh weg. Lass mich. Du widerst mich an mit deiner Geschichte." S. 91). Er sieht offenbar ihre Trauer, Verzweiflung, Wut auf ihn und ihren Ekel, ist aber nicht in der Lage, darauf zu reagieren. Er reflektiert zwar seine Ich-Bezogenheit („bald sah ich nur noch mein eigenes Spiegelbild im Glas", S. 92) und dass er jemals seinen Egoismus lediglich für eine Frau, die nur in seinen „Gedanken existierte" (S. 93) in der Lage aufzugeben war, ergreift aber keine Initiative, etwas zu ändern. Der Kontakt wird deshalb von ihrer Seite völlig abgebrochen – ähnlich wie sie sich der Sogwirkung von Büchern durch Verweigerung der Lektüre entzogen hat. Der Erzähler wiederum möchte so tun, als sei nichts geschehen (vgl. auch S. 9), verhält sich aber unkonzentriert und eifersüchtig.

Die Trennung bringt ihn stärker aus der Fassung, als er angenommen hatte. Aber nur in der Geschichte versucht er eine positive, fast kitschige Wendung der Ereignisse (Heiratsversprechen, zuversichtlicher Ausblick in die gemeinsame Zukunft, später sogar Kind und vollkommenes Glück). Im wirklichen Leben intensiviert er seine Kontakte und Beziehung zu Louise und lässt zu, dass er im Laufe der Zeit von ihr und von ihren Eltern als potenzieller Liebhaber mit ernsteren Absichten gesehen wird. Die fiktive Ausgestaltung des gemeinsamen Lebens in der Geschichte stimuliert ihn gleichzeitig zu zuversichtlichen Überlegungen in Bezug auf Agnes und ihn.

Auch dieser Traum wird leider durch die Realität zerstört: Agnes hat eine Fehlgeburt und wird sehr krank. Dies ist wieder eine Möglichkeit des realen Lebens, die in seinen Gedanken nicht vorkam. Er fühlt sich zwar verpflichtet, Agnes in ihrer schwierigen Situation zu helfen, tut dies aber sehr zögerlich mit dem floskelhaften Hinweis auf seine Freiheit (vgl. S. 110). Deutlich ist hinter seinen Worten die Angst zu spüren, sich festlegen und eine Entscheidung für die lebende, nicht durch seine Fiktion beherrschbare Agnes treffen zu müssen. Die ‚Lebensvariante' der Fehlgeburt erfüllt ihn dann mit Erleichterung, für die er sich gleichzeitig schämt.

Distanz des Erzählers, Freiheit statt Bindung

Vorrang der Geschichte vor der Beziehung

Obwohl Agnes sich ihm wieder zuwendet und ihm sagt, wie wichtig er für sie ist, kann man feststellen, wie wenig er sich um die lebende Agnes gekümmert hat. Während Herbert beispielsweise u. a. durch viele dicke Briefe mit Agnes kommuniziert hat, gibt es von seiner Seite nur eine „nichtssagende Karte“ (S. 112) und einen zerrissenen, nicht abgeschickten Brief (vgl. S. 109). Stattdessen gibt es die Geschichte. Die beschriebene Familienidylle wird von Agnes erst positiv aufgenommen, dann aber schnell als Lüge erkannt. Sie merkt, dass ein nur in Gedanken und Worten existentes Leben das wirkliche nicht ersetzt, erinnert auch bezeichnenderweise in diesem Zusammenhang an ihre Abhängigkeit von Büchern und Geschriebenem. Sie fühle sich immer noch nicht „immun“ gegen dieses „Gift“ (S. 120) der Beeinflussung.

Scheitern der Kommunikation, Annäherung nicht möglich

Auch wenn adventliche Heimeligkeit zelebriert wird, ist die Entfremdung zwischen den beiden deutlich. Das „happy ending“ (S. 124) sowohl für die Geschichte als auch für die Beziehung der beiden ist nicht möglich. Trotz der Gespräche und Zärtlichkeiten werden die Vereinzelung der beiden und das grundlegend Fremde zwischen Menschen überdeutlich (S. 127). Die Kommunikation scheitert völlig, ist durch Missverständnisse, Auslassungen, Unterstellungen, und Schweigen geprägt.[39] Agnes findet in diesem Zusammenhang die Metapher von dem „Stollensystem“ (S. 127). Dennoch behauptet Agnes, dass sie den Erzähler liebt, er dies nur nicht glauben wolle.

In dieser Situation der fast vollständigen Entfremdung von der lebenden Agnes schreibt er, wie getrieben, der Agnes seiner Geschichte den Tod im Schnee. Obwohl Agnes wiederholt betont, dass sie lieber auf einen Schluss der Geschichte verzichten möch-

---

39 Vgl. Schwahl, Markus: *Die Leere in der Mitte*, S. 97

te, als fürchte sie damit das Ende der Beziehung, vervollständigt er dieses Ende. Aus einem schlechten Gewissen heraus schreibt er zwar eine zweite, positive Schlussvariante, stuft diese aber gleich als „nicht gelungen“, „nicht lebendig, nicht wahr“ (S. 138) ein. Er selbst lebt fast nur noch in seiner Geschichte, „als sei alles andere unwichtig, unwirklich, als sei es Zeitverschwendung zu essen, zu schlafen.“ (S. 139).

Die Spannung in der Auseinandersetzung mit Agnes wird überdeutlich, Kontakt wird weitgehend von seiner Seite vermieden. Anrechte und Ansprüche aneinander werden thematisiert (S. 141) und verneint, der Erzähler ist froh über die Einladung zur Silvester-Party bei Louise. Agnes’ Abschied von ihm in dieser Situation hat etwas merkwürdig Endgültiges, so dass er äußert, er komme zurück. Hier wird wieder deutlich, dass er nur an sich, nicht an die Möglichkeit, sie könne die Entscheidung zur Trennung getroffen haben, denkt. (Ein anderer Verstehensansatz wäre, dass Agnes ein nur fiktionales Glück nicht aushält und deshalb ihre Todeskonzeption liest und möglicherweise befolgt.)

Grundsätzliches Vermeiden von Nähe

Die Party bei Louise endet mit Intimitäten. Aber als er merkt, dass Louise sich eine festere Beziehung wünscht, tritt er wiederum den Rückzug an. Louise stellt traurig und verallgemeinernd fest, dass die Männer nur lieben können, wenn sie zurückgestoßen werden. Nachdem er unter Schwierigkeiten in seine Wohnung gelangt ist, stellt er fest, dass Agnes den negativen Schluss seiner Geschichte gelesen hat und nicht mehr da ist. Er macht keinen Versuch, sie zu finden. Agnes hat den Fehler gemacht, sich „ausgerechnet“ (S. 12) an ihn zu klammern.

Ende der Geschichte und Ende der Beziehung

Der Roman und die Geschichte haben ihr Ende gefunden. Der Erzähler lässt den Leser mit zwei Möglichkeiten zurück: Agnes ist gegangen und Agnes ist tot.

Welcher Schluss für welche Agnes zutrifft, ob es eine wahre und eine erfundene Version gibt, ob und wie das Ende der einen Agnes das der anderen bestimmt hat, bleibt der Interpretation des Lesers überlassen. Letztlich sind beide Figuren fiktiv und leben nur durch den Roman bzw. die Geschichte.

Der Roman *Agnes* als Spiel mit Fiktion und Wirklichkeit

Der Roman spielt mit verschiedenen Wirklichkeitsebenen, die auf vielfältige Weise miteinander verwoben und in Beziehung gesetzt werden:

- → ***Leser-Text-Ebene:*** *Lektüre, Eintauchen in das Erzählte, Vergleich mit persönlichen Erfahrungen und Wissen, Welt außerhalb des Textgeschehens*
- → ***Romangeschehen:*** *Beziehung zwischen Agnes und dem Schweizer*
- → ***Fiktionen innerhalb der Fiktion, Metafiktion:*** *Agnes' Text, die Geschichte „Agnes" des Erzählers*

Komponenten dieses Spiels sind:

- → *Medien, Dokumente, Sprache, Zitate und Verweise auf „Reales", Träume, Visionen, Leitmotivgeflecht u. a.*

Es geht um:

- → *Echtheit, Authentizität, Verlässlichkeit, Glaubwürdigkeit, Lüge, Täuschung, Definition von Realität, Wechselwirkung u. a.*

Was erscheint als Wirklichkeit, was als Fiktion?

Textgeschehen als Wirklichkeit, Geschichte als Fiktion

Zumindest auf den ersten und auch auf den zweiten Blick ist der Leser geneigt, das Romangeschehen als Wirklichkeit anzunehmen, die Geschichte, die der Erzähler im Laufe des Romangeschehens fertigstellt, bewertet er überwiegend als Fiktion.

Zur Wirklichkeit des Romans gehört also die Existenz des Schweizer Sachbuchschriftstellers und späteren Autors der Geschichte „Agnes". Ebenfalls wird als ‚wahr' innerhalb des Romangeschehens angenommen die Existenz von Agnes, d. h. ihrer Vergangenheit, Familiengeschichte, Arbeit, Beziehung zu dem Schriftsteller, ihre Schwangerschaft, Fehlgeburt, Krankheit und ihr Tod.

Auch die Wechselwirkung zwischen dem Romangeschehen und der Geschichte gehört zu dem als ‚wahr' und wirklich Empfundenen.

Wodurch erscheint das eine als Fiktion, das andere als Wirklichkeit?

Stil als Mittel der Unterscheidung von Fiktion und Wirklichkeit, Offenlegen der Konstruktion

Das Romangeschehen hat deutliche Bezüge zu der außerhalb des Textgeschehens existenten Welt des Lesers (Personen, Alltagssituationen, Ort, Verweise auf Kunst und Literatur, historische Fakten, Dialoge etc.) und erscheint realistisch, weil dies in einer recht schmucklosen, wenig künstlichen Sprache vorgestellt wird.

Die literarischen Produkte hingegen kontrastieren das Geschehen und sind deutlich als Fiktion erkennbar. Dies gilt für die Geschichte, weil der Leser genau in den Prozess der Entstehung des ‚Werkes' eingeweiht wird. Das kleine Schriftwerk von Agnes wird noch deutlicher als literarische Fiktion durch die poetische Sprachverwendung erkennbar. Beide Fiktionen sind durch Kursivdruck gekennzeichnet

Poetischer Sprachgebrauch

Gibt es Beweise für die Wirklichkeit?

Dokumente als Beweise für Wirklichkeit

Auf dieser Ebene der Vermittlung von Wirklichkeit gibt es verschiedene „Beweise" für die Existenz. So gibt es Fotos von der lebenden Agnes, als Momentaufnahmen sich spiegelnde Gesichter der beiden, es gibt Video-Aufnahmen der Wanderung durch den Nationalpark, vor allem gibt es die durch Worte vermittelte

Beschreibung der Geschehnisse. Dadurch wird Echtheit und Authentizität suggeriert.

Wie ist die Wechselwirkung zwischen Romanwirklichkeit und Fiktion?

Wirklichkeit liefert Stoff für Fiktionen, sie beeinflussen Realität

Anregungen und Informationen werden verschiedenen Quellen entnommen, z. B. dem Buch über Babys, vor allem aber die gelebte Wirklichkeit der Personen (Agnes und Erzähler) gibt den Stoff für die Fiktionen. Das Geschriebene wiederum wirkt auf die (Roman-)Wirklichkeit ein. Es löst positive und negative Empfindungen direkt nach dem Lesen oder Schreiben in dem Leser/Schreiber (d. h. Agnes und Erzähler) aus. Diese Gefühle bestimmen wiederum die weiteren Aktivitäten und Ereignisse (vgl. S. 67 f., 108 f. etc.). Nach Wunsch des Erzählers soll das Geschriebene sogar die Wirklichkeit ersetzen. Der Einfluss von Fiktivem ist also groß. Agnes hat für sich als einzige Möglichkeit, der Wirkung von Texten zu entgehen, die Verweigerung der Lektüre erkannt. Sie liest allerdings, dem Erzähler zufolge, den Schluss der Geschichte.

Wie verwischt sich die Grenze zwischen Realität und Fiktion?

Formale Kennzeichnung der Fiktion wird nicht konsequent durchgeführt, Täuschung des Lesers/Visionen werden lebendig

Im Laufe der Entwicklung der Geschichte verwischt sich die Grenze zwischen Fiktion und Wirklichkeit in zunehmendem Maße. Sein Anliegen, ob Agnes zu ihm ziehen würde, wird teils durch Dialoge der Figuren aus der Geschichte, teils durch Aussagen der wirklichen Personen vermittelt. Dabei wird nahtlos vom kursiv gedruckten Text (d. h. für den Leser des Romans als Geschichte erkennbar) zum normal gedruckten (d. h. Romangeschehen) übergegangen. Die Grenze zwischen Fiktion und Wirklichkeit verwischt sich auch, wenn der Erzähler sich durch seine Geschichte in der Lage glaubt, Agnes als Person, ihre Wünsche und Bedürfnisse genau zu kennen, sogar besser als sie selbst (vgl. S. 90, 81 f.). Agnes ist zu einem späteren Zeitpunkt erschreckt darüber, wie „wirklich es wird" (S. 119), wie nahtlos Fiktion sich mit Wirklichem mischt. Die leichte Zuordnung wird unmöglich, Gedanken und Visionen verlieren für ihn den Charakter des Fiktionalen, alles was sich der Erzähler „vorstellte, wurde sogleich lebendig" (S. 80) und wirkt sich aus.

Auch für den Leser des Romans wird die Trennung aufgehoben, indem auf die deutliche Kennzeichnung des Fiktiven durch Kursivschrift verzichtet wird (vgl. S. 79 ff.).

Vielfältige Ebenen von Realität/Existenz

Auf einer anderen Ebene kann die Episode, als Agnes ihm im Treppenhaus begegnet, die er als „kein Traum" (S. 80) bezeichnet, auf der einen Seite als Vision mit deutlich unrealistischen, alptraumartigen Zügen, andererseits als zwar unterbewusste, aber völlig richtige Beschreibung der Angst Agnes' vor ihm gelesen werden.

In welcher Hinsicht verliert der Erzähler an Glaubwürdigkeit?

Rückblickend fällt dem Leser auf, dass der Erzähler schon im ersten Kapitel nicht immer klar zwischen Fiktion und Realität unterscheidet. Ihm scheinen die Video-Bilder „wirklicher als die dunkle Wohnung, die (ihn) umgibt" (S. 10), auch seine inneren, durch Gedanken gelenkten (vgl. S. 80) Bilder sind klarer als seine wirkliche Umgebung, das zu einem „verschwommenen Bild" (S. 81) geworden ist.

Unsicherheit bzgl. der Realitätsebenen wird durch Sprache vermittelt

Sprachlich wird auf die Unsicherheit verwiesen, indem häufig Begriffe wie „schien", „erahne ich", „man hatte den Eindruck", „bildete mir ein", „es war, als habe sie" etc. auftauchen und der Konjunktiv verwendet wird.

In anderen Zusammenhängen wird Unverständnis oder Unkenntnis deutlich zugegeben („Ich verstehe es nicht." S. 131; „in ihren Augen sah (…) ich etwas, was ich nicht verstand." S. 15; „Ich merkte, wie wenig ich über Babys wusste, und beschloss mir ein Buch zu kaufen." S. 108 f.).

Von anderer Seite (Agnes, Louise, frühere Freundinnen) wird ihm ebenfalls Unkenntnis des anderen und mangelnde Offenheit vorgeworfen.

Er gibt punktuell spätere Einsichten („Als sich schließlich herausstellte" S. 92) und Vergesslichkeiten, sogar Lügen und nicht gehaltene Versprechen zumindest indirekt zu („Ich sagte, ich werde bestimmt vor Mitternacht in der Uni sein." S. 84 – „Als ich die Party nach Mitternacht verließ" S. 86; „Nach der Party bei Amtrak war ich zur Universität gegangen", S. 87).

Wodurch wird der Leser weiterhin verunsichert?

Dadurch, dass der Erzähler als Erzählinstanz in zunehmendem Maße fragwürdig oder sogar unglaubwürdig wird, wird der Leser auf eine andere Lektüreebene gebracht. Er fragt sich, was er diesem Erzähler, auf dessen subjektive Information er angewiesen ist, noch glauben kann. So scheint es, um nur ein Beispiel zu nennen, zunehmend unwahrscheinlich, dass Agnes' Geschichte von dem Erzähler nach einmaliger und nur oberflächlicher Lektüre wörtlich erinnert werden kann. Nach genauerem Nachdenken erscheint es sogar fragwürdig, ob Agnes den Text wirklich so geschrieben hat. Die stilistische und inhaltliche Verbindung zwischen diesem kleinen Text, seiner Begegnung mit der dicken Frau im Zug, der Beschreibung von Agnes und seines Gefühls ihr gegenüber (S. 57 f.) und dem Ende der Geschichte ist ganz offensichtlich. Die Chronologie der Ereignisse legt indes nahe, dass Agnes' Text als erstes vorhanden war. Der Leser hat überdies keine Möglichkeit zu überprüfen, ob der Schreibstil wirklich dem von Agnes entspricht.

Funktion des Textes von Agnes im Spiel mit der Wirklichkeit

(Im Übrigen wird behauptet, dass der Text „gelöscht", „vergessen" (S. 44) ist, der Leser kann ihn aber jederzeit wieder lesen. Auch das gehört zum Spiel mit der Wirklichkeit.)

Welche Rolle spielt die Perspektive?

Nicht nur in Hinblick auf den Erzähler wird der Leser zunehmend unsicher, er wird durch den Roman geradezu aufgefordert, sich über das Problem der Wirklichkeit Gedanken zu machen.

Perspektive, Nähe und Distanz

Neben der Subjektivität und Eingeschränktheit der Ich-Erzählperspektive wird der Leser auf anderen Ebenen mit der Frage der Perspektive konfrontiert. Räumliche, optische, zeitliche und emotionale Nähe oder Distanz bedingen eine andere Sicht der Dinge, des Menschen. So lassen sich die winzigen Menschen, vom Dach des Hochhauses aus gesehen, gut ertragen für den Erzähler. Es ist ihm dagegen unangenehm, dass es ihm nicht möglich ist, der Berührung der dicken Frau im Zug auszuweichen und den jungen Mann zu ignorieren (vgl. S. 34 f.). Zu starke Nähe wiederum verhindert das Erkennen („Wenn ich mich umdrehe, kann ich ihn nicht sehen, so nahe ist er mir." S. 42; „Ich schaute sie an und erkannte sie nicht. Ihr Gesicht erschien mir wie eine unbekannte Landschaft." S. 58). Auch die Beschreibung der Kameraführung (S. 10 f.) gehört in diesen Zusammenhang.

Im gleichen Maße spielt auch zeitliche Distanz zu den Geschehnissen eine Rolle („dass es Glück war, wird man erst aus der Distanz sehen" S. 69, vgl. auch S. 45: „Dass die Zeit nur in eine Richtung läuft.").

Gleichzeitige Gültigkeit verschiedener Ansichten von Wirklichkeit

Je nachdem, welche Perspektive eingenommen wird, entstehen andere Ansichten, geradezu andere Wirklichkeiten, die nebeneinander ihre Gültigkeit haben. Das wird für den Leser erfahrbar durch das Nebeneinander der Versionen von Agnes und dem Erzähler. Der Pullman-Streik kann unter finanziellen oder freiheitlichen Aspekten diskutiert werden (S. 144 f.). Hier gibt es keine richtige oder falsche Ansicht, alles ist eine Frage des persönlichen Schwerpunkts des Betrachters. Selbst Bäume, Farben, Länder sind nicht objektiv beschreibbar und faktisch (S. 101). Die Wichtigkeit der Perspektive wird von Louise auf den Punkt gebracht, wenn sie Paul Valéry zitiert: „Der Mensch lebt und stirbt in dem, was er sieht (…), aber er sieht nur, was er denkt" (S. 101).

Welche Bedeutung kommt den Medien zu?

Medien spielen eine große Rolle in dem Roman. Auch sie werden vor allem unter dem Gesichtspunkt der Verzerrung oder ausschnitthaften Wiedergabe von Wirklichkeit eingesetzt. Fotos zeigen zum Beispiel nur – wie die Spiegelbilder – Momentaufnahmen.

Ausschnittcharakter, Wiedergabe und Beeinflussung von Wirklichkeit

Die Videoaufzeichnungen enthalten nur Ausschnitte („Ein Zoom auf seine Hände, die über ein Kartenblatt fahren, einen Weg zeigen, der im Bild nicht zu erkennen ist." S. 11). Die Wiedergabe von Wirklichkeit ist hier, wie bei allen Medien, an die Möglichkeiten der Technik gebunden (Zoom, Kamerafahrt, Schwenks, Schnitte, Weitwinkelobjektiv, Brennweiteneinstellung, Bewegung).

Ebenso wird durch kubistische, pointilistische u. a. Stilrichtungen in der Kunst Wirklichkeit oder Ausschnitte derselben auf eine bestimmte Weise wiedergegeben. Auch für Bücher ergibt sich die Einschränkung durch das Medium, da bei der Verwendung eines bestimmten Zeichensystems (Sprache, Wörter) auch die Beschränkungen bedacht werden müssen. Zwar verweisen Worte und Beschreibungen auf Wirklichkeit, sie transformieren diese aber in ein anderes Medium.

Einschränkungen und Grenzen bei der Wiedergabe von Wirklichkeit

Umgekehrt wirken Medien auf die Wirklichkeit ein, stehen anstelle von Realem:

Eine Computerstimme (S. 96) ersetzt lebende Menschen.

Fiktive Gestalten ersetzen Agnes ihre Freunde.

Das Fernsehen bestimmt mit seinen Filmen im Vorabendprogramm die Vorstellung der Menschen vom Bösen (S. 84).

Bücher, Geschichten beeinflussen Denken und Handeln der Menschen.

Die Geschichte „Agnes"

Auslöser der Geschichte

Agnes gibt den Anstoß zum Schreiben der „Geschichte" über sich. Sie bittet ihn, diese zu schreiben, nachdem er ihren eigenen literarischen Versuch kritisiert hat. Er reagiert positiv mit dem Argument, er sei verliebt und außerdem neugierig.

Agnes gibt zwar den Anstoß zum Schreiben der Geschichte, sie löst aber etwas anderes aus, als sie erwartet.

Gegenstand der Geschichte

Obwohl der Erzähler sagt, dass er noch nie über lebende Personen geschrieben hat, willigt er ein, über seine Freundin Agnes ein Buch zu schreiben. Zugleich stellt er dar, dass er früher zwar von bekannten, real existenten Menschen ausgegangen sei, dass die dargestellten Personen sich aber weit von diesen entfernt hätten. Er gibt zu, dass sich eine frühere Freundin wegen der Ähnlichkeit zwischen ihr und einer fiktiven Gestalt von ihm getrennt hat, den wahren Grund der Trennung aber erfahren wir nicht (vgl. S. 50).

Die lebendige Agnes ist nur Ausgangspunkt der Geschichte, nicht der eigentliche Gegenstand derselben.

Ziel der Geschichte

Unterschiedliche Zielsetzungen und Motive

Der Erzähler will eine „Geschichte" schreiben und herausfinden, ob er nach den früheren gescheiterten Versuchen zu einer solchen schriftstellerischen Arbeit überhaupt noch in der Lage ist.

Agnes will ein „Porträt" (S. 48), auf dem man sieht, wie sie ist. Zumindest möchte sie über diesen Text herausfinden, was er von ihr hält (S. 50). Am Ende der Unterhaltung sagt sie, dass sie eine „Liebesgeschichte mit dir und mir" (S. 50) möchte. Als er zu schreiben beginnt, betont sie: „Es muss schon stimmen (...). Aber nett soll es sein." (S. 53). Zu einem späteren Zeitpunkt will sie ihr gemeinsames Glück beschrieben finden und gibt Hinweise auf die Art und Weise der Darstellung in Anlehnung an das Bild von Seurat (vgl. S. 68 f.). Gegen Ende der Geschichte erwartet sie eine Art Zukunftsvorhersage („Schreib, wie es weitergeht (…).Wir müssen wissen, was geschieht." S. 119), beharrt aber auch in diesem Zusammenhang darauf, dass es „stimmen" muss (S. 119).

Der Erzähler und Agnes haben völlig unterschiedliche und miteinander unvereinbare Zielsetzungen.

Voraussetzungen der Geschichte

Einforderung einer künstlerischen Freiheit

Er betont, dass er bei seiner Geschichte wirklich „frei" (S. 49) sein möchte. Das heißt im Grunde, dass er keine Abhängigkeiten von lebenden Personen wünscht, er seiner freien Fantasie zu folgen gedenkt. Deshalb lehnt er es auch rigoros ab, als sie gemeinsam mit ihm schreiben möchte (vgl. S. 50). Er geht zwar von ihr als „Modell" aus (S. 52), schickt sie aber nach kurzer Zeit fort („‚ich kann gar nicht schreiben, wenn du so dasitzt und mich beobachtest.'" S. 53). Auf ihre Bitte, sie so zu beschreiben, wie sie jetzt ist, reagiert er mit „‚Gut, (…) du wirst aus meinem Kopf neu geboren'" (S. 55). Er betont also von vornherein, dass die Agnes seiner Geschichte vor allem ein Produkt seiner Fantasie, an das reale Vorbild nur lose angelehnt, ist. Entsprechend froh ist er auch, als er nicht mehr an das Vergangene gebunden ist, sondern frei den Fortgang der Geschichte bestimmten kann („Ich fühlte, wie die neugewonnene Freiheit meine Fantasie beflügelte." S. 62).

Der Erzähler will vor allem frei sein.

Bedeutung des ersten Satzes hinsichtlich der Strategie des Erzählers

Arbeit an der Geschichte

Der erste Satz seiner Arbeit nimmt vorausdeutend ihre unmittelbare Zukunft vorweg. Dies geschieht, weil er diese Tätigkeiten durchsetzen möchte. Hier wird schon seine spätere Strategie der Manipulation der Wirklichkeit eingeleitet.

Dann schreibt er seine subjektive Version des Geschehenen auf, korrigiert sie teilweise nach dem Kommentar von Agnes. Dennoch sind deutliche Abweichungen vom wirklich Geschehenen zu vermuten.

Dann hat er in seiner Geschichte die „Gegenwart überholt“ und „weiß schon, was geschehen wird“ (S. 63). Die Geschehnisse des Lebens um Agnes sollen seiner drehbuchartig vorgefertigten Variante angepasst werden. Sie schlüpfen in ihre Rollen und spielen das Leben seiner „Figuren“ nach. Dies funktioniert in einigen Fällen mit kleinen Unterschieden, die von ihm aber als nicht so bedeutsam eingestuft werden (vgl. S. 64). Realität und geschriebene Variante vermischen sich zusehends, insbesondere in seiner Fantasie.

Fiktion als Modell fürs Leben

Schließlich bietet die gelebte ‚Story‘ nicht mehr genug Stoff, denn ein „gleichmäßiges Leben eignet sich nicht dazu, beschrieben zu werden“ (S. 68). Und sie selbst sind zu schlechte „Schauspieler“ um ihrem vorgefertigten Leben den Anstrich von Echtheit zu verleihen. Die Geschichte und die Traumfiguren (vgl. S. 80, 82, 90) bekommen ein immer größeres Gewicht, werden ‚wirklicher‘ als das gelebte Leben. Er befindet sich wie in Trance, wie in einem „Hohlweg“ (S. 80), den er nicht verlassen kann. Deshalb muss es zum Bruch führen, als die Wirklichkeit nicht mehr vereinbar ist mit seiner Geschichte: „Agnes wird nicht schwanger. (…) Sie ist nicht schwanger.“ (S. 89 f.).

Als Agnes ihr Kind verliert, sucht sie vorübergehend Ersatz für das Leben, das ihr nicht vergönnt war, und sie greift zu seiner Methode (S. 115, 116). Dann aber erkennt sie die Falschheit ihres Tuns und die Dynamik, die die Geschichte entwickelt (S. 119). Gleichzeitig bittet sie ihn, aufzuschreiben, „was geschieht“ (S. 119), also ihre Zukunft vorherzusagen. Auch diese Bitte nimmt sie wieder zurück. Sie fürchtet ein Ende der Geschichte und will ihr Leben von der Geschichte abgekoppelt wissen („Es ist nicht gut. Wir brauchen sie nicht." S. 137).

Dennoch schreibt der Erzähler zwei Schlussvarianten, obwohl der Erzähler einwendet: „Der Schluss ist immer schwierig (...), das Leben hat keine Schlusspointen. Es geht weiter." (S. 139). Der „einzig mögliche, der einzig wahre Schluss" (S. 140), den er dann findet und wie einen Film in seinem Kopf hat ablaufen sehen (vgl. S. 132), ist eigentlich „unmöglich", und „unzumutbar" (S. 133). Die Geschichte muss mit dem Tod Agnes' enden. Und da die lebende und die fiktive Agnes ununterscheidbar für ihn geworden sind, darf auch das ursprüngliche „Modell" nicht mehr da sein.

Ende der Geschichte, der Beziehung und des Romans bedingen einander

→ **Die Wirklichkeit soll eher der Geschichte angepasst werden als umgekehrt.**

→ **Die Geschichte entspricht nur punktuell der Realität. Es gibt Auslassungen, Ergänzungen, subjektive Schwerpunktsetzungen u. a.; verschiedene Varianten werden erprobt und verworfen oder stehen gelassen. Das Erzählte ist vorwiegend durch die Sichtweise und Motivation des Erzählers bestimmt.**

→ **Es besteht eine Wechselwirkung zwischen Realität und Geschichte, deutlich wird aber vor allem der Versuch des Erzählers, die Realität durch seine Geschichte zu bestimmen.**

Vorlagen für die Geschichte

Hinterlassen von Spuren, Zeichen setzen

Viel von dem, was in der Geschichte beschrieben wird, stammt aus dem gelebten Leben der beiden. Darüber hinaus liefert Agnes selbst die Anregungen zu vielen Details, insbesondere zu dem Schluss der Geschichte:

Agnes redet viel über das Hinterlassen von Spuren und spricht über Bücher als eine solche Möglichkeit des Setzens von Zeichen.

In einem Gespräch über Wälder ist die Rede davon, dass man hier spurlos verloren gehen könnte (S. 32). Der Erzähler greift diesen Gedanken offenbar gern auf (S. 35) oder aber legt ihn Agnes in den Mund.

Gespräch über Wälder

Während ihrer Wanderung durch den Nationalpark fühlt sich Agnes unter freiem Himmel wohl, weil sie „nackt und ganz nah an allem" (S. 76) ist. Er spricht in diesem Zusammenhang wieder das spurlose Verschwinden an („Hast du keine Angst mehr, in der Natur unterzugehen? Zu verschwinden?" S. 76).

Ihr eigener kleiner literarischer Text (S. 42) enthält wesentliche Elemente ihrer Beziehung und nimmt das Endes der „Geschichte" von Agnes vorweg.

Agnes' Text als Vorausdeutung

Die Wanderung im Nationalpark enthält eine Reihe von Vorausdeutungen des Endes (Kälte, Ohnmacht, Müdigkeit, Wald, See, Baumstamm und Bäume, Schnee, Stille, Verlassenheit, Spurlosigkeit, Tod).

Wanderung im Nationalpark

Auch die einbezogenen Bilder sind im Zusammenhang mit dem beschriebenen einsamen Ende von Agnes in der winterlichen Landschaft von Bedeutung. Agnes hat zwei Drucke in ihrem Zimmer: eine Gebirgslandschaft (Kirchner) und das Plakat von Kokoschka „Mörder, Hoffnung der Frauen". Sie weiß die Bedeutung dieses Titels nicht recht einzuschätzen. Bei Seurats Bild gibt der Erzähler sich die Rolle des Mannes mit der Trompete und Agnes kommentiert: „Alle hören dich, (…) man kann die Ohren nicht schließen" (S. 68). Sie selbst gibt sich die Rolle des Mädchens im weißen Kleid. Hier wird eine bestimmte Hilflosigkeit und Beeinflussbarkeit nahegelegt, die noch durch ihre Aussagen über sich als Leserin verstärkt werden.

Einbezug von Kunstwerken

Weitere Vorlagen sind in den literarischen Texten, die angesprochen werden, zu finden. Insbesondere das Gedicht von Robert Frost (s. 5. Materialien) enthält weitreichende Bezüge (Wald, See, Schnee, Wind, dunkle Nacht, Winter, Einsamkeit, zu haltende Versprechen, Entfernung, Todessehnsucht etc.).

Einbezug von literarischen Texten

Neben anderen Vorlagen scheint Agnes selbst durch ihre Interessen und Überlegungen sowie Verhaltensweisen die Vorgaben für das Ende der Geschichte geliefert zu haben.

Das Ende der Geschichte

Bezeichnenderweise fällt das Ende der Geschichte mit dem Ende der Beziehung zwischen Agnes und dem Ich-Erzähler zusammen. Die Geschichte umfasst einen Zeitraum von neun Monaten. Dies entspricht der Länge einer Schwangerschaft (Agnes: „Schreibst du deshalb Bücher? Weil du keine Kinder hast?" S. 28). Das fertige Buch liegt schließlich wie nach einer schweren Geburt vor. Die fiktive Agnes, sein „Geschöpf" (S. 62), dessen Zukunft er „wie ein Vater" (S. 62) geplant hat, ersetzt die lebendige.

Die Geschichte ist sein Werk, sein ‚Kind', die Spur seines Schaffens.

Die Konstruktion einer Wirklichkeit und die Rolle des Lesers

Postmoderne Literatur

Anforderungen an den postmodernen Leser

„Die postmoderne Literatur setzt den universellen Leser voraus; sie zieht ihn in die Intrigen einer totalen Zeichensprache, auf deren labyrinthische Zumutung er selbst die Antwort geben muss. Statt ihn mit Theorien und Welterklärungen zu befriedigen, erzählt sie ununterbrochen Spielvorschläge, die variiert, abgebrochen, aber auch erweitert werden können. … Sicher (…) ist, dass diese postmoderne Literatur den Leser in besonderer Weise beansprucht und in ihre Sprachen einbezieht. Sie setzt nicht auf Einfühlung, Nachvollziehen, Entziffern, nicht auf die Nachkomposition dessen, was der Autor errichtet hat, sondern darauf, den durch den Text eröffneten Raum eigenmächtig zu besetzen, ihn zu verändern, zu erweitern, seine Unbestimmtheit mit eigenen Vorstellungen zu füllen."[40]

Kontexte postmodernen Denkens

Wir leben in einer Welt, die immer vielfältiger wird und sich einer einfachen und endgültig richtigen Beschreibung entzieht. Das hat mit zunehmendem Wissen über verschiedene Kulturen, Geisteshaltungen und Deutungsmustern zu tun. Wissenschaftliche und andere Entdeckungen werden immer schneller gemacht und Erkenntnis wieder verworfen; ein Einzelner ist nicht mehr in der Lage, auch nur einen Teil eines Forschungsgebietes völlig zu überblicken. Medien und technische Bedingungen machen es möglich, dass Wirklichkeiten simuliert oder suggeriert werden können, ohne dass einzelne Betroffene es bemerken oder eine Manipulation von Dokumenten (z. B. Fotos) noch erkennbar wäre. Wahrheiten werden behauptet und zurückgenommen. Diese Erfahrung und die Unsicherheit bezüglich konkret erfassbarer Wahrheiten und Wirklichkeiten schlagen sich u. a. in Filmen (*Wag the Dog, Matrix, The Truman Show*) nieder. Philosophische und ästhetische Fragen nach Wesen und Wirkung von Bildern beschäftigen die Künstler und Wissenschaftler[41], auch in der Literatur ist ein starkes Interesse an Wirklichkeitsabbildungen und den Merkmalen von Realität und Fiktion zu beobachten. Dabei gibt es – philosophischen Grundpositionen entsprechend – vorwiegend zwei Arten von Autoren:

Grundpositionen

Diejenigen, die davon ausgehen, dass es eine unabhängig vom Kunstwerk existierende Wirklichkeit gibt, die allerdings schwer zu beschreiben ist.

---

40 Ortheil, Hans Joseph: *Was ist postmoderne Literatur?* (1994) In: Wittstock, Uwe (Hrsg.): *Roman oder Leben. Postmoderne in der deutschen Literatur*. Reclam Leipzig. 1994, S. 203

41 Eine interessante Sammlung von Aufsätzen zu diesem Thema befindet sich in: Birgit Recki / Lambert Wiesing (Hrsg.): *Bild und Reflexion. Paradigmen und Perspektiven gegenwärtiger Ästhetik*. München: Wilhelm Fink Verlag, 1997

Diejenigen, die deutlich zu erkennen geben, dass das, was sie schreiben, Fiktion und Konstruktion ist.[42]

Agnes als Beispiel für Literatur, auf deren Fiktionalität deutlich verwiesen wird

Der Roman *Agnes* legt durch die formale Konzeption die wiederholte Lektüre nahe. Mit jedem Leseakt werden aber andere Schwerpunkte gesetzt, neue Erkenntnisse gewonnen. Die erste ist die, dass sich der Roman als Rekonstruktion von Vergangenem darstellt, die allerdings nicht immer richtig, mit Erfindungen und sogar Lügen durchsetzt, vor allem aber durch die subjektive Erzählperspektive (eines sich erinnernden Ich-Erzählers) gebrochen ist. Der Leser muss die Lesegewohnheiten bei realistischen Romanen aufgeben und tritt dem erzählenden Subjekt mit zunehmender Skepsis entgegen. Dennoch ist dieser als Subjekt die letzte Instanz, sein Bild von der Wirklichkeit ist letztlich nicht überprüfbar und nicht widerlegbar. Deshalb muss eine naive, gesicherte Ansicht von Wirklichkeit zugunsten der Erkenntnis von Unsicherheiten, Facettenhaftigkeit, Vielfältigkeit der Wirklichkeiten aufgegeben werden.

Schreiben über Schreiben

Dafür gibt der Erzähler sich aber deutlich als Schriftsteller zu erkennen und gewährt in verschiedener Hinsicht Einblick in die künstlerische Produktion eines Textes. In modernen Romanen, wie auch im vorliegenden Fall, werden häufig der Schreibende und sein Schreibakt betont. Der Schwerpunkt wird vom Erzählten auf das Erzählen verlagert. In *Agnes* ist das Schriftsteller-Ich sogar verdoppelt, einmal als erinnernd Schreibender, einmal als Autor der Geschichte mit dazugehörigen Reflexionen. Über die Verdoppelung aller wichtigen Komponenten (Schriftsteller/Modell/Text) und die Wechselbeziehung aufeinander wird die Grenze zwischen Fiktion und Wirklichkeit verwischt, vor allem aber viel über die

---

42 Zeller, Rosemarie: *Der neue Roman in der Schweiz.* Freiburg (CH): Universitätsverlag Freiburg, 1992

Konstruktion von Texten deutlich. Alles ist dem Willen des Schreibenden anheim gegeben.

(Im extremen Fall äußert sich diese Haltung in der völligen Verweigerung eine Geschichte zu erzählen. Der Leser bleibt irritiert und orientierungslos zurück. Seine Reaktion repräsentiert den Menschen unserer Zeit, der in einer immer unübersichtlicheren Welt lebt, in der Hierarchien verworfen werden, alles nebeneinander möglich ist und keine Ordnung stiftenden Regeln verlässlich gelten.)

Man kann unter diesem Aspekt das Ende des Romans als Willkür des Schreibenden verstehen: Das Erzählte endet nicht, weil die Geschichte zu Ende ist, sondern weil der Schreibende zum Schluss kommen will. Dafür muss die Hauptperson der Geschichte „verschwinden". Gleichzeitig präsentiert sich das Erzählte als ein in sich geschlossenes Gebilde, ein Konstrukt, in dem alles zusammen passt und ästhetischen Kriterien genügt. Das „einzig mögliche Ende" ergibt sich aus dem vorher durch Worte Erzeugten.

Ästhetische Anforderungen an ein literarisches Konstrukt

Der Roman betont auf unterschiedliche Weise die Schwierigkeit bei der Erkenntnis eines Ganzen. Die Agnes des Romans glaubt, dass genaues Erkennen, immer detaillierteres Erforschen zu festen Erkenntnissen, unverrückbaren Aussagen über die Realität führen muss. Im Gegensatz dazu steht das Konstrukt einer Geschichte, in der alle Elemente immer wieder aufeinander verweisen, die für sich als Einheit, als konstruierte Wirklichkeit steht.

Intertextualität, Zitate

Eine wichtige Rolle spielt im modernen Roman das Zitat, das aber häufig anders verwendet wird als im realistischen Roman. Durch Verweise auf andere Werke (literarische oder der bildenden Kunst) werden Beziehungen hergestellt und neue Lesarten ermöglicht.

Funktion des Bildes von Seurat für die Interpretation des Romans

Ein Beispiel für die Vielfältigkeit der Beziehungen ist das im Text auftauchende Bild Seurats. Es wird in das Geschehen verwoben, indem die beiden „Helden" des Romans einen Museumsbesuch unter einer bestimmten Zielsetzung machen. Das Bild fällt ihnen durch die Ausstrahlung (Ruhe) auf. Sie entdecken die Malweise und stellen fest, dass die Figuren erst mit einigem räumlichen Abstand von dem Bild erkennbar werden. Agnes überträgt in einem Analogieschluss diese Erfahrung auf eine abstraktere Ebene und vergleicht das Bild mit ihrem Leben, bzw. ihrer Beziehungen zueinander: Auch ihr Leben setzt sich aus kleinen Episoden und Einzelheiten zusammen. Erst mit (zeitlichem) Abstand von dem Geschehen wird eine Bewertung möglich (Glück oder nicht). Diese Vorgehensweise lässt sich auf die Lesart des Romans übertragen. Auch dieser setzt sich aus vielen kleinen Einzelhandlungen und Episoden zusammen, das Ganze ist aber erst nach Beendigung der Lektüre erkennbar. Die einzelnen Personen nehmen erst am Ende des Romans konkrete Gestalt an. Mit zunehmender (emotionaler und zeitlicher) Distanz von dem Text, bei erneutem Überdenken des durch Worte Vorgestellten wird eine neue, abstraktere Ebene möglich. Der Roman wird dann z. B. lesbar als ein Beispiel zeitgenössischer Literatur, in dem Vorsicht gegenüber dem Erzähler geboten ist, der das Erzählen selbst zum Gegenstand macht und dessen einzelne Bestandteile immer wieder auf sich selbst – den Roman als Textganzes – zurückverweisen, ihn als Einheit (Bild) erkennbar machen.

Gestaltung

Inhalt

Auch auf der Bildebene selbst ist ein Erkenntnisansatz möglich. So sieht Helmut Karasek den Roman als „eine Geschichte, bei der die Liebe aus der Flüchtigkeit resultiert und die der Liebhaber (deshalb) in einer Computer-Geschichte weiterzufantasieren sucht – mit Happy-end zu Silvester im Schneetreiben."[43] Seurats

---

43 Karasek, Helmut: *Vorgelesen*. Rezension zu Peter Stamm, Agnes. In: Tagesspiegel vom 25.06.2000

Bild macht für Karasek auf bildnerische Weise anschaulich, was die Beziehung der beiden bestimmt: „eine Freizeitidylle aus im Sommer festgefrorenen Menschen“[44]. Ein anderer Ansatz ist wiederum möglich, wenn Vorgehensweisen Seurats bei dem Entwurf und der Fertigstellung eines Bildes mit denen eines Schriftstellers (Stamm, bzw. Ich-Erzähler oder allgemein gesehen) in Bezug gesetzt werden.

Im postmodernen Spiel der Intertextualität wird mit dem Wissen des Lesers gearbeitet und eine neue Ebene des Verstehens erreicht. Verweise auf künstlerische Werke oder Zitate aus ihnen sind „in erster Linie ein kompliziertes Medium doppelten Wiedererkennens“[45]. Das vorliegende Kunstwerk – hier der Roman *Agnes* – wird erst einmal hinsichtlich der Möglichkeit, Wirklichkeit in ihm wiederzuerkennen, aufgenommen. Zitate erweitern das Spektrum möglicher Wahrnehmungsformen und Lesarten, da jetzt Informationen und durch die Zitate angeregte Assoziationen das Verständnis des Textes mitbestimmen, es erweitern. Auf diese Weise entfaltet ein Verweis auf andere Texte oder Kunstwerke die Vieldeutigkeit des vorliegenden Textes, er macht aber zugleich die Künstlichkeit des Textes bewusst. Dies ist besonders im vorliegenden Fall zu sehen.

Funktion intertextueller Verweise

So beiläufig und nebensächlich die Verweise in *Agnes* erfolgen: Bei genauerer Betrachtung wird deutlich, dass die Kunstwerke unter drei Aspekten in den Roman einbezogen werden:

---

44 ebd.
45 Modick, Klaus: *Steine und Bau*. In: Uwe Wittstock (Hrsg.): *Roman oder Leben. Postmoderne in der deutschen Literatur.* Leipzig: Reclam, 1994, S. 163

1. Sie nehmen im Titel das Wortfeld Tod auf und sind auf diese Weise mit einem wichtigen Leitmotiv und Thema des Romans verknüpft. Diese Bezüge erfolgen auf der Ebene des Romangeschehens.
2. Sie zeigen Funktion und Wirkung, die Literatur bzw. Kunst haben kann. Agnes vertritt dabei vorwiegend den Leser bzw. Betrachter und reagiert gefühlsmäßig, mit Verständnis oder Nicht-Verstehen, stellt Bezüge zwischen Bild/Fiktion und dem eigenen Leben her. Der Schweizer nimmt die Rolle des Schreibenden ein, ist stolz auf seine Belesenheit und entnimmt den ihm bekannten Texten Anregungen für seine Texte. Bei bestimmten Formulierungen (S. 25) fallen ihm literarische Texte ein. Diese Art der Bezüge erfolgt auf der nächsten Ebene des Verhältnisses zwischen Kunstwerk, Kunstschaffenden und dem Leser/Betrachter.
3. Sie zeigen das Kunstwerk als von der Realität losgelöstes, ästhetisches Konstrukt. Der Verweis auf ein bestimmtes Werk (besonders die Gemälde) eröffnet die Möglichkeit der Verknüpfung mit dadurch verbundenen künstlerische Traditionen und Überlegungen zur Gestaltung von Kunstwerken. Den angesprochenen Künstlern und dem schreibenden Erzähler ist folgendes gemein: Das Kunstwerk soll Wirklichkeit nicht abbilden, d. h. dieser nicht vorwiegend ähnlich sein. Es soll eher auf das Subjekt verweisen, Symbolträger für Vorstellungen sein, und in sich geschlossen, wohl konstruiert sein. Hier ist die abstrakte Ebene des von realistischen Inhalten nahezu losgelösten künstlerischen Gebildes erreicht.

Auf dieser Ebene ist es z. B. nicht mehr von Bedeutung, dass ausgerechnet Agnes die Besitzerin der Bilder von Kokoschka und Kirchner ist. Wichtig ist die durch diese Namen einbeziehbare gedankliche Möglichkeit, dass Realität nur den „Anstoß" für das Kunstwerk gibt, dass das Kunstwerk vor allem auf das kunstschaffende Subjekt verweist, dass es nicht um Abbildung der Natur geht. Die Auswertung der vielfachen Hinweise im Roman *Agnes* auf dieser abstrakten Ebene erfordert die aktive Beteiligung des Lesers und gibt ihm die Möglichkeit, sein Wissen sinnstiftend einzusetzen.

Keine bloße Abbildung von Natur/Realität

Eine besondere Form der Intertextualität sind die Metatexte. Als solche, d. h. Texte über den Roman Agnes, lassen sich z. B. der Text von Agnes und der Kommentar des Erzählers dazu lesen. Der (angeblich) von Agnes verfasste kurze literarische Text liest sich beinahe wie eine Zusammenfassung des ganzen Romans. Der Kommentar des Ich-Erzählers wiederum enthält Warnungen für den Leser (Wahrheitsgehalt, Kompetenz des Erzählers, Täuschung), die dieser auch auf bei der Lektüre des Romans berücksichtigen sollte.

Roman in nuce

4. REZEPTIONSGESCHICHTE

ZUSAMMEN-FASSUNG

Aus der Fülle der Rezensionen und Beiträge zu *Agnes*folgt hier eine Auswahl von unmittelbaren Kommentaren nach dem Erscheinen des Textes zu Sprache, Stil und den Themen des Romans.

Zur Sprache und zum Stil des Romans

Hamm, Peter. *Der Tod der erzählten Frau*. In: Focus, Nr. 47, 1998:

Stil

„Kaum kann man es glauben, dass *Agnes* ein Debütroman sein soll. Da gibt es kein schiefes Bild, keinen falschen Vergleich, kein Adjektiv als bloß schmückendes Attribut, kein Wort zu viel oder zu wenig. Peter Stamms Prosa ist bei aller vorsätzlichen Schmucklosigkeit vollkommen geschmeidig – also vollkommen. Die Schweizer Literatur darf sich zu dieser neuen und unverwechselbaren Stimme gratulieren."

Silja Ukena. *Wenn das Leben zum Zwang wird.* In: Hamburger Abendblatt, Nr. 292 vom 15. 12. 1998:

Liebesgeschichte

„Ein kluges Buch, fesselnd, stilistisch fein gesetzt, von einer immer beklemmenden Traurigkeit erfüllt. (...) *Agnes* ist ein wunderbares, rein komponiertes Werk – und eine der anrührendsten Liebesgeschichten seit langem."

Doering, Sabine. *Eiswinde in Chicago*. In: Frankfurter Allgemeine Zeitung, Nr. 94 vom 23. 04. 1999:

„Ein dichtes Netz von Verweisen durchzieht die fein aufeinander abgestimmten Kapitel des Buches, immer wieder findet Stamm suggestive Bilder für die Kälte und die Beziehungslosigkeit, in denen er seine Figuren gefangen sieht.“

Beziehungen

Werth, Wolfgang. *In der Regel nicht regelmäßig*. In: Süddeutsche Zeitung, Nr. 54 vom 6./7. 03. 1999:

„(Peter Stamm) versteht sich aufs Pointieren. (...) Die eigentliche Spannung und die Struktur des Romans aber ergeben sich aus der Balance, die der Autor Peter Stamm zwischen der fiktiven Erlebniserzählung und dem anhand des Sujets entwickelten literarischen Laborversuchs zur Wechsel- und Spiegelwirkung zwischen Literatur und Leben hergestellt hat. Unaufdringlich werden dem Gourmet vielerlei Anspielungen, Querverweise, Parallelitäten, Analogien zur Entdeckung und Entschlüsselung angeboten.“

Fiktion und Interpretation

Andrea Köhler, Literatur-Redakteurin der Neuen Zürcher Zeitung. *Literatur-Tipp*. In: Focus, Nr. 41/1998:

„Das Buch *Agnes* ist die Mitschrift einer vertrackten Versuchsanordnung und zugleich das Tagebuch eines angekündigten Todes. In den Sätzen vibriert eine eigentümliche Mischung aus Berechnung und Melancholie. Und diese Gefühlslage, gepaart mit einer ausgeklügelten Konstruktion und hohem stilistischen Takt gegenüber seinen Figuren, macht Stamms poetischen Nekrolog zu einem berührenden Leseerlebnis.“

Wirkung

Rezension zu Peter Stamms *Agnes*, In: Der Spiegel, Nr. 43/1998 vom 19. 10. 1998:

Sprache

> „Der Schweizer Hörspielautor Peter Stamm, 35, erzählt in seinem Prosadebüt eine realistische, zugleich fantastische Geschichte. Die knappen Dialoge sind dem Alltag abgelauscht. Mit einer Sprache, die in ihrer Kühle fast dem Bericht eines Wissenschaftlers erinnert, der unter dem Vergrößerungsglas ein Insekt betrachtet, gelingen dem Autor Bilder von überraschender Dichte und Kraft. Zum Schluss legt der Wissenschaftler mit leisem Bedauern das Vergrößerungsglas beiseite. Das Insekt ist gestorben."

Zu den Themen des Romans

Norbert Staub. *Rieselnde Wirklichkeiten*. In: Neue Zürcher Zeitung vom 08. 10. 1998:

Medien/Gegenwartsliteratur

> „*Agnes* ist, gleich sei 's gesagt, ein kluges, in jeder Hinsicht überzeugendes Buch über ein großes, anstößiges Thema: den Skandal des Todes in einer restlos auf- und abgeklärten Welt. (...) Dort, wo die Fantasie das Zepter übernimmt, hat die Erzählung ihre faszinierendsten Passagen. Mit der unheimlichen Verwandlung des Realen ins Mediale spricht Peter Stamm mit leichter Hand, aber präzise an, was die Gegenwartsliteratur umtreibt, aber von ihr nur selten so elegant vermittelt wird: In unserer Welt der rieselnden und rutschenden Wirklichkeiten lässt sich immer leichter auf Echtheitszertifikate verzichten. ... Und der Leser? Auch er ist ein Zeuge: nicht nur eines faszinierenden literarischen Ernstfalles, sondern zugleich eines fulminanten Schweizer Debüts."

Wolfgang Werth. *In der Regel nicht regelmäßig*. In: Süddeutsche Zeitung vom 6./7. 03. 1999:

„Das schmale Buch hat es in sich. Dabei ist es ganz leicht zu lesen – wenn man sich einladen lässt, dem fiktiven Berichterstatter gläubig zu folgen. In knapp und klar formulierten Aussagesätzen suggeriert er die Authentizität seiner Begegnung mit und Beziehung zu der schwierigen, Halt und Ruhe, wenn nicht den Tod suchenden, sich aber vor dem Vergessen-werden ängstigenden Agnes. Die eigentliche Spannung und die Struktur des Romans aber ergeben sich aus der Balance, die der Autor Peter Stamm zwischen der fiktiven Erlebniserzählung und dem anhand des Sujets entwickelten literarischen Laborversuchs zur Wechsel- und Spiegelwirkung zwischen Literatur und Leben hergestellt hat ...“

Literatur und Leben

Sabine Doering. *Eiswinde in Chicago*. In: Frankfurter Allgemeine Zeitung vom 23. 04. 1999

„Doch Peter Stamm begnügt sich nicht damit, Bekanntes neu zu erzählen; sein Roman ist eine verstörende Parabel über die Macht der Literatur.“

Macht der Literatur

Peter Hamm. *Der Tod der erzählten Frau. Der Schweizer Autor Peter Stamm beschreibt in seinem Debütroman ‚Agnes‘ die Fiktion menschlicher Nähe.* In: Focus vom 16. 11. 1998:

„Mit *Agnes* wird die junge Schweizer Literatur, die oft zwischen etwas zu behäbigen Unbehagen am Kleinstaat und einer zu selbstverliebten Verspieltheit pendelt, auch einmal im Weltmaßstab wettbewerbsfähig. Keinen Moment lang verliert

Thema Fremdheit zwischen Menschen/Literatur aus der Schweiz

dieser Roman sich an Probleme, die nur in St. Gallen und Bern solche sind, sondern stellt sich einem universalen Urproblem, nämlich der Fremdheit zwischen den Menschen. Diese Fremdheit wird erst so richtig Furcht erregend, wenn sie sich auftut zwischen Menschen, die sich zu lieben glauben. Zwar ist in jeder Liebe zunächst gerade das Fremde, das fasziniert, doch begünstigt dieses Faszinosum eben auch die Fiktion, die darin besteht, dass der Liebende sich vom Objekt seiner Begierde ein Bild macht, das immer idealer ist als die reale Person. Nur um den Preis seiner mehr oder weniger leidvollen Enttäuschung kann dieses Bild der Realität ausgesetzt werden. Wird, weil sich überhaupt nichts mehr vom ursprünglichen Bild bewahren lässt, die Enttäuschung total, erscheint als Rettung oft nur noch der Tod.“

5. MATERIALIEN

William Shakespeare, *Sonett 18*

Shall I compare thee to a summer's day?
Thou art more lovely and more temperate.
Rough winds do shake the darling buds of May,
And summer's lease hath all too short a date.

Sometime too hot the eye of heaven shines,
And often is his gold complexion dimmed;
And every fair from fair sometime declines,
By chance, or nature's changing course untrimmed;

But thy eternal summer shall not fade,
Nor lose possession of that fair thou ow'st,
Nor shall Death brag thou wand'rst in his shade,
When in eternal lines of time thou grow'st.

So long as men can breathe or eyes can see,
So long lives this, and this gives life to thee.[46]

Literatur zur Bewahrung von Leben/ Erinnerung

---

46 Frowde, Henry (Hrsg.): *The complete works of W. Shakespeare*. London, New York, Toronto, Melbourne: Oxford University Press, 1911, S. 1201

Robert Frost, *Stopping by Woods on a Snowy Evening*

Whose woods these are I think I know.
His house is in the village though;
He will not see me stopping here
To watch his woods fill up with snow.

My little horse must think it queer
To stop without a farmhouse near
Between the woods and frozen lake
The darkest evening of the year.

Leitmotivgeflecht (Schnee, Dunkelheit, Einsamkeit, Wälder, Tod)

He gives his harness bells a shake
To ask if there is some mistake.
The only other sound's the sweep
Of easy wind and downy flake.

The woods are lovely, dark and deep,
But I have promises to keep,
And miles to go before I sleep,
And miles to go before I sleep.[47]

---

47 Smith, Wilkins (Hrsg.): *The Sheldon Book of Verse*. Oxford, New York, Toronto: Oxford University Press, 1959, Band I. S. 100

Max Frisch, *Du sollst dir kein Bildnis machen*

„Es ist bemerkenswert, dass wir gerade von dem Menschen, den wir lieben, am mindesten aussagen können, wie er sei. Wir lieben ihn einfach. Eben darin besteht ja die Liebe, das Wunderbare an der Liebe, dass sie uns in der Schwebe des Lebendigen hält, in der Bereitschaft einem Menschen zu folgen in allen seinen möglichen Entfaltungen. Wir wissen, dass jeder Mensch, wenn man ihn liebt, sich wie verwandelt fühlt, wie entfaltet, und dass auch dem Liebenden sich alles entfaltet, das Nächste, das lange Bekannte. Vieles sieht er wie zum ersten Male. Die Liebe befreit es aus jeglichem Bildnis. Das ist das Erregende, das Abenteuerliche, das eigentlich Spannende, dass wir mit den Menschen, die wir lieben, nicht fertig werden: weil wir sie lieben, solange wir sie lieben. Man höre bloß Dichter, wenn sie lieben; sie tappen nach Vergleichen, als wären sie betrunken, sie greifen nach allen Dingen im All, nach Blumen und Tieren, nach Wolken, nach Sternen und Meeren. Warum? So wie das All, wie Gottes unerschöpfliche Geräumigkeit, schrankenlos, alles Möglichen voll, aller Geheimnisse voll, unfassbar ist der Mensch, den man liebt – Nur die Liebe erträgt ihn so."[48]

Liebe als Möglichkeit der Befreiung von Vorurteilen/ Bildnissen

Bertolt Brecht, *Wenn Herr K. einen Menschen liebte*

„Was tun Sie", wurde Herr K. gefragt, „wenn Sie einen Menschen lieben?" „Ich mache einen Entwurf von ihm", sagte Herr K., „und sorge, dass er ihm ähnlich wird." „Wer? Der Entwurf?" „Nein", sagte Herr K., „der Mensch."[49]

Manipulation von Menschen

---

48 Frisch, Max: *Tagebuch 1946–49*. Frankfurt/M.: Suhrkamp Verlag, 1950, S. 31

49 Brecht, Bertolt: *Geschichten von Herrn Keuner*. In: Kalendergeschichten. Hamburg: rororo, 1953, S. 106

6. PRÜFUNGSAUFGABEN MIT MUSTERLÖSUNGEN

Unter www.königserläuterungen.de/download finden Sie im Internet zwei weitere Aufgaben mit Musterlösungen.

Die Zahl der Sternchen bezeichnet das Anforderungsniveau der jeweiligen Aufgabe.

Aufgabe 1 ***

a) Fassen Sie die Aussage Frischs in *Du sollst dir kein Bildnis machen* (s. 5. Materialien) mit eigenen Worten zusammen.
b) Vergleichen Sie diesen Text mit dem Roman *Agnes* im Hinblick auf das Thema Bildnis.

Mögliche Lösung in knapper Fassung:

a)

ZUSAMMENFASSUNG

In dem Prosatext von Max Frisch geht es um die Aufforderung innerhalb einer Liebesbeziehung, den anderen nicht durch enge Vorstellungen von ihm einzuengen und festzulegen. Die Tagebucheintragung konstatiert die Tatsache, dass grundsätzlich keine festen und unveränderlichen Aussagen über Menschen gemacht werden können. Dies gelte aber besonders bei einem geliebten Menschen, da dieser aufmerksamer und facettenreicher wahrgenommen werde. Dazu gehöre die Bereitschaft, den anderen Menschen anzunehmen, wie er sei, und auch alle Entwicklungen und Veränderungen dieses Menschen wahr- und anzunehmen. Liebe wird als Möglichkeit gewertet, ohne feste Erwartungen und Rollenvorstellungen auszukommen und diese Haltung auch durchzuhalten. Der Tagebucheintrag betont die Spannung und die Lebendigkeit, die bei einer solchen Einstellung eine Partnerschaftsbeziehung präge.

b)

VERGLEICH

Im Roman wird eine entgegengesetzte Situation dargestellt. Der Erzähler macht sich ein „Bildnis", eine feste Vorstellung von seiner Partnerin, die mit der Realität und ihrer Persönlichkeit immer weniger zu tun hat. Zwar geschieht dies zuerst auf ihre Aufforderung hin, aber sie hat ihren Auftrag und seine Rolle dabei völlig anders verstanden.

Aspekte des Vergleichs könnten sein:

- → keine Offenheit für Entwicklung und Entfaltung, sondern Festlegung und Einengung
- → Entfaltung und Variation von Persönlichkeit geschieht nur als fiktionale und literarische Spielerei, literarische Figur und die Entwicklung derselben wird der realen vorgezogen
- → Umkehrung der Verhältnisse: die wirkliche Person und Partnerin muss sich dem Bildnis unterordnen, ihm entsprechen
- → der Erzähler setzt viel daran, die Macht über sein „Geschöpf" zu behalten
- → sobald Wirklichkeit von der Vorstellung abweicht, gibt es Probleme
- → Fragwürdigkeit der ‚Liebe' in dieser Beziehung, keine Neugierde auf Entwicklung und Fülle von Möglichkeiten, sondern Egoismus, Distanz, Unfähigkeit, sich auf den anderen einzulassen
- → Tod der Liebe und der Beziehung als nachvollziehbare Konsequenz aus einem solchen Verhalten, „einzig möglicher Schluss".

Aufgabe 2 ***

Analysieren Sie den Textausschnitt S. 126 („Hier ist eine Karte") bis S. 127 („Mir ist kalt") unter besonderer Berücksichtigung von Merkmalen postmoderner Romane.

Mögliche Lösung in knapper Fassung:

ZUSAMMENFASSUNG DES INHALTS

In diesem Ausschnitt aus Peter Stamms Roman *Agnes* feiern Agnes und der Ich-Erzähler nach einer Zeit der Trennung zusammen Weihnachten. Es ist eine Einladungskarte von Louise, seiner kurzzeitigen Geliebten, gekommen. Der Auszug enthält Gespräche der beiden über die Trennung, Rollenvorstellungen und die Subjektivität der Sicht eines jeden einzelnen Menschen. Nach kurzem Aufenthalt auf der Dachterrasse, verlassen sie diese, da Agnes friert.

STIL UND SPRACHE

Der Text ist geprägt durch kurze, sehr prägnante Dialogfragmente, größtenteils ohne inquit-Formel, Übergänge oder Einleitungen. Die Beschreibung der Handlung ist auf das Nötigste reduziert und in distanzierter, schmuckloser Sprache. Der thematische Schwerpunkt des Ausschnittes liegt auf der Betonung der subjektiven Sicht und der damit verbundenen Unmöglichkeit des gegenseitigen Verstehens und Verständnisses. Diese Subjektivität der Sicht ist ein wesentlicher Aspekt postmodernen Erzählens. Er wird in diesem Ausschnitt verdeutlicht durch

THEMATISCHER SCHWERPUNKT

- → Uneinigkeit darüber, wer wen verlassen hat
- → unterschiedliche Vorstellungen vom Weihnachtsfest und seiner Bedeutung
- → die Veränderung der Position, Blick vom Dach hinauf in den Himmel und hinunter in die Straßenschluchten
- → Strukturierung von unüberschaubar vielen Sternen zu Bildern (Schwan, Adler), dadurch Möglichkeit der Vermittlung

- → Unwissen über das Wissen anderer („Was weißt du überhaupt von mir?")
- → Ungewissheit über Geschehnisse, Vermutungen (Krankenwagen, Polizeiauto)
- → Vorstellung von anderer Rolle (Ambulanzfahrer) und damit anderer Sicht der Dinge
- → Bedeutung von Kontext (Unfälle am Heiligabend „besonders schlimm") auf die Beurteilung von Ereignissen
- → Metapher des Stollensystems, Irrglaube der Existenz von einer einzigen Welt.

LEITMOTIVISCHE VERKNÜPFUNG

Weiterhin wird in diesem Ausschnitt die Suche nach Sinn und Rolle vermittelt. Das Begriffsfeld Kälte („eiskalt", „böiger Wind", „kalt") lässt sich mit der Distanz in der Beziehung verknüpfen (dazu auch der Hinweis auf Louise, Verlassen, Schutt) und verknüpft diesen Ausschnitt leitmotivisch mit anderen Teilen des Romans.

Aufgabe 3 *

a) Geben Sie Schwerpunkte der nachstehend abgedruckten Begründung wieder.
b) Entwerfen Sie eine eigene Rezension zu dem Roman *Agnes* als Leseempfehlung für Mitschüler.

Text zu a)

Begründung anlässlich der Verleihung des Rauriser Literaturpreises (in: Tagesanzeiger vom 28. 01. 1999):

TEXTAUSSCHNITT

„Der Zürcher Schriftsteller Peter Stamm wird mit dem wichtigsten österreichischen Debütantenpreis ausgezeichnet. Er erhält für seinen Erstlingsroman *Agnes*, mit dem er 1998 auf der literarischen Bühne erschien, den Rauriser Literaturpreis. Die Auszeichnung wird ihm für eine Liebesgeschichte zugesprochen, in der Fiktion und Wirklichkeit bis zur Ununterscheidbarkeit miteinander verstrickt sind und einzig der Tod keine Täuschung gedeutet. Die Jury zeigte sich von der raffinierten Konstruktion ebenso beeindruckt wie von der Lakonik der Erzählweise Stamms, die literarische Moden souverän ignoriert. Entscheidend war ebenso sein sensibler Umgang mit Sprache."

Mögliche Lösung in knapper Fassung:

a)

TEXTWIEDERGABE

Die Begründung nimmt den Inhalt (Liebesgeschichte) und die Besonderheit der Verwebung von Fiktion und Wirklichkeit in den Blick. Sie geht auf die Struktur, die Konstruktion des Romans ein und lobt Erzählweise und Sprache. Vorgeschaltet werden die Angaben zu dem verliehenen Preis und zu dem Roman. Peter Stamm werden hohes sprachliches Können, Eigenständigkeit und Souveränität zugestanden, die in diesem Roman sichtbar werden.

b)

HINWEISE ZUR ERSTELLUNG EINER REZENSION

In Form einer Rezension soll der Roman weiter beschrieben und bewertet werden. Dazu gehört eine kurze Darstellung des Inhalts und der thematischen Schwerpunkte. Hinein gehört auch die Vermittlung der eigenen Lesart und des Erkenntniswertes, der mit diesem Roman verknüpft ist. Da die Adressaten dem Alter, Bildungsstand und Interessenslage dem Schreibenden entspricht, kann ein informeller, dennoch schriftsprachlicher und differenzierter Ton gewählt werden. Aspekte der Rezension könnten sein:

→ Erkenntnis der zugewiesenen Rolle des Lesers als Co-Autor, spannende Aufgabe der Ausgestaltung von Leerstellen

- Erkenntnis über sich selbst als Leser und ‚Tricks' des Erzählers, Akt der Emanzipation, Durchschauen der Unglaubwürdigkeit des Erzählers („Ich habe mit dem Roman *Agnes* richtig beeindruckende Leseerfahrungen gemacht und damit auch Erfahrungen über mich als Leser. Auch ich habe mich anfangs vom Erzähler täuschen lassen, habe die Lügen und die Komplexität des Romans erst langsam begriffen …"[50])
- Funktion der intertextuellen Referenzen und der damit verbundenen Recherche sowie neuen Ebenen des Verstehens
- Thema Beziehungen, Umgang miteinander, Distanz und Nähe, Vermittlung der Atmosphäre („Obwohl die Geschichte von Agnes fesselt und zum Weiterlesen anregt, ist sie doch keine Liebesgeschichte im eigentlichen Sinne. Sie hat schon gar kein Happy End. Immer ist auch die Kälte spürbar, der die Figuren ausgesetzt sind. Dies liegt an dem eng miteinander verwobenen Leitmotivgeflecht, dem Sprachstil und den intertextuellen Referenzen. Man kann den Roman leicht und schnell lesen, begreift aber erst beim zweiten und dritten Lesen, wie viel Gestaltungsspielraum und Erkenntnismöglichkeit enthalten ist …"[51])
- Thema Fiktion und Wirklichkeit, konkrete Ausgestaltung dieses Themas
- Thema Medien und deren Bedeutung
- Funktion und Mechanismen.

---

50 aus einem Schülertext
51 ebd.

Aufgabe 4 *

a) Interpretieren Sie die Keuner-Geschichte *Wenn Herr K. einen Menschen liebte.*
b) Beziehen Sie die Aussage des Brecht-Textes auf den Roman *Agnes* von Peter Stamm.

Mögliche Lösung in knapper Fassung:

a)

INTERPRETATION DER KALENDERGESCHICHTE

In dem sehr kurzen Text aus der Sammlung der *Geschichten von Herrn Keuner* geht es um die Einengung eines Gegenübers durch eigene Vorstellungen von ihm sowie Erwartungen an dessen Rolle und Verhalten. Der Text ist im Wesentlichen ein kurzer Dialog zwischen Herrn K. und einem ungenannten Gesprächspartner. Dieser ist der Fragende, Herr K. gibt belehrende Antworten. Nur durch die inquit-Formeln („wurde Herr K. gefragt", „sagte Herr K.") ist der Text als ein epischer zu erkennen. Die überraschende und auf der Missverstehbarkeit der Personalpronomen beruhende Antwort von Herrn K. stellt die Vorgehensweise auf den Kopf: Nicht der Entwurf soll dem geliebten Menschen, sondern umgekehrt der Mensch dem Entwurf ähnlich werden.

Damit wird das Problem der Offenheit und Unvoreingenommenheit zwischen Partnern angeschnitten. Jeder Mensch entwickelt ein Bild, eine Vorstellung und Einschätzung von einem Menschen, besonders in einer engen Liebesbeziehung wird die Sicht des anderen differenziert sein. Herr K. in dieser Geschichte einwirft erst eine Vorstellung und äußert die Absicht, den anderen so beeinflussen zu wollen, dass er dieser Vorstellung entspricht. Mit „Entwurf" ist entsprechend nicht das Unfertige der Vorstellung gemeint, sondern das Unfertige des anderen Menschen, der sich in seiner Entwicklung nach dem Entwurf richten soll. Durch die Umkehrung der erwarteten Reihenfolge wird deutlich Kritik an Menschen deutlich, die dem anderen keinen Entwicklungsspielraum gönnen, sondern ihn in jeder Hinsicht beherrschen wollen. Häufig wird dies unter dem Vorwand der „Liebe" gerechtfertigt.

b)

VERGLEICH

Auch der Ich-Erzähler richtet sich nicht nach dem Menschen, sondern entwickelt einen Entwurf, ein Porträt von Agnes, dem sie zu entsprechen hat. Was spielerisch anfängt („Du kommst im dunkelblauen Kleid" (S. 63), wird zu einer strengen Vorgabe für ihren Charakter, ihre Einstellungen und ihr Verhalten. Der Erzähler ist überhaupt nicht daran interessiert, etwas über Agnes zu erfahren und von ihr zu lernen. Alles, was sie tut und kann, wird abgetan oder gar nicht erst zur Kenntnis genommen. Immer wieder betont er, wie fremd ihm Agnes ist, wie wenig er von ihr weiß. Er setzt seine Anstrengungen in die Arbeit, literarische Entwürfe anzufertigen, sie umzuschreiben und zu variieren und die Partnerin dieser Vorstellung als Richtschnur vorzulegen. Das führt zu einer vollständigen Vermischung von Fiktion und Realität, wobei der Fiktion die wichtigere Rolle gegeben wird. Dem Erzähler ermöglicht diese Vorgehensweise, seine Partnerin, Agnes, zu beherrschen. Eigenständige Entwicklungen (z. B. von Agnes als Schriftstellerin) werden durch Negativkommentare unterbunden oder abgebrochen. Solange Agnes sich dieser Situation anpasst und nachgibt, ist der Erzähler zufrieden. Der Schluss lässt offen, ob Agnes endgültig ausbricht, ihn verlässt und deshalb von ihm für tot erklärt wird, oder ob sie diesem Entwurf bis in den Tod hinein folgt. Die Wahrscheinlichkeit spricht für die erste Lesart.

LITERATUR

Zitierte Ausgabe:

Stamm, Peter: *Agnes*. Frankfurt am Main: Fischer Taschenbuch Verlag, ^{4}2011

Prosatexte von Peter Stamm:

Stamm, Peter: *Alles über den Mann*, Satire. Nebelspalter Verlag. Rorschach. 1995

Stamm, Peter: *Agnes*, Roman. Arche Verlag. Zürich/Hamburg. 1998

Stamm, Peter: *Blitzeis*, Erzählungen. Arche Verlag. Zürich/Hamburg. 1999

Stamm, Peter: *Die ganze Nacht*, Kurzgeschichte. In: Literaturen (S. Löffler, Hrsg.), 01/2001

Stamm, Peter: *Ungefähre Landschaft*. Arche Verlag. Zürich/Hamburg 2001

Stamm, Peter: *In fremden Gärten*. Arche Verlag. Zürich/ Hamburg 2003

Stamm, Peter: *An einem Tag wie diesem*. Fischer. Frankfurt am Main 2006

Stamm, Peter: *Wir fliegen*. Fischer. Frankfurt am Main 2008

Stamm, Peter: *Sieben Jahre*. Fischer. Frankfurt am Main 2009

Stamm, Peter: *Seerücken*. Fischer. Frankfurt am Main 2011

Rezensionen und Sekundärliteratur zu *Agnes*:

Doering, Sabine: *Eiswinde in Chicago*. In: Frankfurter Allgemeine Zeitung, Nr. 94 vom 23. 04. 1999

Dreier, Ricarda: *Peter Stamm – Die literarische Konstruktion von Wirklichkeit*. In: *Literatur der 90er-Jahre in der Sekundarstufe II. Band 19* (Hrsg. von Günter Lange u. Werner Ziesenis). Baltmannsweiler: Schneider Verlag Hohengehren, 2005, S. 101–122

Hamm, Peter: *Der Tod der erzählten Frau.* In: Focus, Nr. 47, 1998
Karasek, Helmut: *Vorgelesen.* Rezension zu Peter Stamm, Agnes. In: Tagesspiegel vom 25. 06. 2000
Köhler, Andrea (Literatur-Redakteurin der Neuen Zürcher Zeitung): *Literatur-Tipp.* In: Focus, Nr. 41/1998
Reckefuß, Elke: *„Agnes" von Peter Stamm. Die (mögliche) Auflösung einer Identität.* In: Deutschmagazin, 1 (2004) 5, S. 45–50
Schmid, Birgit: *Das Rätselwesen wird geerdet. Wie sich das Drehbuch „Agnes" vom Roman emanzipiert.* In: Stint, Zeitschrift für Literatur (Kino), hrsg. von Jürgen Dierking und Viktor Ströver. Bremen Okt. 2002. Nr. 31, 16. Jahrgang, S. 132–136
Schmid, Birgit: *Die literarische Identität des Drehbuchs. Untersucht am Fallbeispiel „Agnes" von Peter Stamm.* Peter Lang, Bern u. a. 2004
Schwahl, Markus: *Die leere in der Mitte. Postmoderne Literatur im Unterricht: Peter Stamms Roman ‚Agnes'.* In: Ballis, Anja und Maiwald, Klaus (Hrsg.): Texte der Gegenwartsliteratur für die Schule, Bd. 2. Trier: Wissenschaftlicher Verlag Trier, 2009
Staub, Norbert: *Rieselnde Wirklichkeiten.* In: Neue Zürcher Zeitung, Nr. 233 vom 08. 10. 1999
Ukena, Silja: *Wenn das Leben zum Zwang wird.* In: Hamburger Abendblatt, Nr. 292 vom 15. 12. 1998
Werth, Wolfgang: *In der Regel nicht regelmäßig.* In: Süddeutsche Zeitung, Nr. 54 vom 6./7. 03. 1999

Rezensionen zu anderen Werken Peter Stamms (Auswahl):

Allmaier, Michael: *Stille Trauer aus Papier. Peter Stamms Erzählungen sind so melancholisch wie seine Zielgruppe.* Zeit Literatur Nr. 12, März 2011, S. 42 f.
Auffermann, Verena: *Sehnsucht, kalt wie Blitzeis.* In: Süddeutsche Zeitung vom 02. 03. 2000

Kasaty, Olga O.: *Entgrenzungen. Vierzehn Autorengespräche.* edition text + kritik, München 2005, S. 394–430

Nentwich, Andrea: *Beziehungsgeschädigte Zerebralexistenzen. Peter Stamms beeindruckender Erzählband „Blitzeis"*. In: Neue Zürcher Zeitung vom 07. 10. 1999

Rüdenauer, Ulrich: *Als stünden sie unter Wasser. Am Eisweiher ragen die Pfähle bis an die Oberfläche: Peter Stamms brodelnde Erzählungen „Blitzeis"*. In: Frankfurter Rundschau vom 16. 02. 2000

Spiegel, Hubert: *Erdmännchenblicke. Herzensblind: Peter Stamms Erzählungen*. In: Frankfurter Allgemeine Zeitung vom 19. 02. 2000

Werth, Wolfgang: *Single Nöte*. In: Süddeutsche Zeitung vom 4./5. 12. 1999

Texte zum modernen Roman:

Aeschbacher, Marc: *Tendenzen der schweizerischen Gegenwartsliteratur (1964–1994)*. Bern: Peter Lang, 1997

Borchmeyer, Dieter und Zmegac, Viktor: *Moderne Literatur in Grundbegriffen*. Tübingen: Niemeyer, 1994

Knobloch, Hans-Jörg und Koopmann, Helmut: *Deutschsprachige Gegenwartsliteratur.* Tübingen: Stauffenberg Colloquium, 1997

Sabalius, Romey: *Das Bild der USA in der zeitgenössischen Literatur der deutschsprachigen Schweiz.* Aus: Sabalius, Romey (Hrsg.): *Neue Perspektiven der deutschsprachigen Literatur in der Schweiz*. Amsterdamer Beiträge zur neueren Germanistik Band 40, Amsterdam, Atlanta, 1997

Söllinger, Peter: *Tradition. Zitat. Pluralität.* Leipzig: Ernst Klett Verlag, 2003

Steets, Angelika: *Robert Schneiders ‚Schlafes Bruder', Anregungen für eine Unterrichtssequenz.* In: Der Deutschunterricht 4/99. → Besonders zu beachten ist der Abschnitt *Der Erzähler und das Erzählen*, S. 86–89.

Wittstock, Uwe (Hrsg.): *Roman oder Leben.Postmoderne in der deutschen Literatur.* Leipzig: Reclam, 1994

Zeller, Rosemarie: *Der neue Roman in der Schweiz. Die Unerzählbarkeit der modernen Welt.* Freiburg (Schweiz): Universitätsverlag Freiburg, 1992

Zeltner, Gerda: *Das Ich ohne Gewähr. Gegenwartsautoren aus der deutschen Schweiz.* Zürich und Frankfurt/M. 1980

Zmegac, Viktor: *Der europäische Roman. Geschichte seiner Poesie.* Tübingen 1990

Texte zu den künstlerischen Werken:

Alexandrian, Sarane: *Seurat*. München: Südwest Verlag, 1982 → Enthält sehr übersichtliche Biografie des Malers, gute Abbildungen der Werke.

Haftmann, Werner: *Malerei im 20. Jahrhundert*. München: Prestel Verlag, 1979

Meyer-Husmann, Ulrich und Schmidt, Georg: *Von Daumier bis Chagall. Kleine Geschichte der modernen Malerei.* Stuttgart: Klett, 1982 → Sehr gut verständliche und schülergerechte Darstellung zu Kirchnerund Seurat.

Ruhrberg, Karl: *Die Malerei unseres Jahrhunderts.* Düsseldorf, Wien, New York: Econ Verlag, 1987

Stadler, Wolf (Hrsg.): *Lexikon der Kunst*. Freiburg, Basel, Wien: Herder, 1989, Bd. 7

Thomas, Karin: *Bis Heute – Stilgeschichte der bildenden Kunst im 20. Jahrhundert.* Köln: DuMont, 1981

Vogt, Paul: *Expressionismus*. Deutsche Malerei zwischen 1905 und 1920. Köln: DuMont, 1978

Nachschlagewerke, weiterführende Literatur:

Jens, Walter (Hrsg.): *Kindlers Neues Literaturlexikon*. München: Kindler, 1988

Schabert, Ina (Hrsg.): *Shakespeare-Handbuch*. Stuttgart: Kröner Verlag, 1978

Internet-Adressen:

http://www.peterstamm.ch

→ Die Homepage des Autors.

http://cms.hsverlag.com/?autoren/detail/a80

→ Die Website des Hartmann und Stauffacher Verlages mit kurzer Biografie, Werk- und Preiseverzeichnis.

http://handlungsreisedialog.blogwerft.de/2008/02/22/peter-stamm

→ Stamm über Handlungsorte in seinem Werk.

http://bachmannpreis.orf.at/bp99/texte/stamm_text.htm

→ Stamms Beitrag zum Ingeborg-Bachmann-Wettbewerb 1999.

http://www.new-books-in-german.com/spring99/book1a.htm

→ Eine englischsprachige Rezension zu *Agnes*.

STICHWORTVERZEICHNIS